Esma Diman-Murselović

Die Übersetzung der Verfassung von Bosnien und Herzegowina

Transkulturalität – Translation – Transfer, Band 60
Herausgegeben von
Dörte Andres / Martina Behr / Larisa Schippel

Esma Diman-Murselović

Die Übersetzung der Verfassung von Bosnien und Herzegowina

Eine Spurensuche

Frank & Timme
Verlag für wissenschaftliche Literatur

Umschlagabbildung: Unterzeichnung des Daytoner Friedensabkommens. Entscheidungsträger der internationalen Gemeinschaft (v.l.n.r. US-Außenminister Warren Christopher, US-Präsident Bill Clinton, französischer Staatspräsident Jacques Chirac, Bundeskanzler der Bundesrepublik Deutschland Helmut Kohl, britischer Premier John Major, russischer Ministerpräsident Wiktor Tschernomyrdin) schauen den Präsidenten von Serbien (Slobodan Milošević), Kroatien (Franjo Tuđman) und Bosnien-Herzegowina (Alija Izetbegović) über die Schulter, während diese im Élysée-Palast in Paris den Daytoner Friedensvertrag unterzeichnen. © World Politics Archive (WPA) / Alamy Stock Photo

Die Drucklegung erfolgte mit freundlicher Unterstützung der folgenden Fördergeber:innen:

pangea wirtschaft | bildung | akademie

Gesellschaft Bosnischer Akademiker in Österreich since 1994

Consilium Bosniacum

bosnisch und herzegowinisch österreichische Jugend

ISBN 978-3-7329-0863-9
ISBN E-Book 978-3-7329-9071-9
ISSN 2196-2405

Herstellung durch Frank & Timme GmbH,
Wittelsbacherstraße 27a, 10707 Berlin.
Printed in Germany.
Gedruckt auf säurefreiem, alterungsbeständigem Papier.

www.frank-timme.de

für Bosnien und Herzegowina

Danksagung

Ich bedanke mich bei allen, die mich bei der Verfassung dieser Forschungsarbeit und darüber hinaus unterstützt haben.

Bei meinen Eltern Adila und Hajrudin, meinem Bruder Kerim und meinem Ehemann Vekas.
Bei meiner Schwiegerfamilie.
Bei meinen Freund:innen.
Bei Dr. Larisa Schippel, die mich im Forschungsprozess betreute und mich zur Publikation ermutigte.
Bei Ahmed Spahić, dessen anregende Gedanken die Idee für diese Arbeit erweckten.
Und bei Herrn Dr. Wolfgang Petritsch, der durch sein Engagement die Entdeckung einiger wichtiger Hinweise auf dieser Spurensuche ermöglicht hat.

Ich danke außerdem von Herzen allen Fördergeber:innen, die den Druck dieses Werkes unterstützt haben: dem deutsch-bosnischen Netzwerk für Wirtschaft, Bildung und Akademie *pangea*, der Gesellschaft Bosnischer Akademiker in Österreich *GBAA/BADA*, dem Dachverband der bosnisch-herzegowinischen Vereine in Österreich *Consilium Bosniacum*, der bosnisch-herzegowinisch-österreichischen Jugend *BÖJ* sowie dem Frauenforum *Mimosen*. Meine Hochachtung für den unermüdlichen Einsatz der Mitglieder dieser Gruppen, die sich tagein tagaus für ein demokratisches, multiethnisches und multikonfessionelles Bosnien im Mutterland sowie in der Diaspora einsetzen.

Inhaltsverzeichnis

1 Einleitung

„Based on respect for human dignity, liberty, and equality“
(Constitution of Bosnia and Herzegovina)

Menschenwürde.
Freiheit.
Gleichberechtigung.

So beginnt die Präambel der Verfassung von Bosnien-Herzegowina. Auf Englisch? Ja. Die einzig gültige Verfassung des Staates Bosnien-Herzegowina, dessen Landessprachen Bosnisch, Kroatisch und Serbisch sind, ist auf Englisch. Nein, es gibt keine offizielle Version auf Bosnisch, Kroatisch oder Serbisch. Was wie ein schlechter Scherz klingen mag, ist leider die Realität.

Die Verfassung von Bosnien-Herzegowina ist ein Annex des Allgemeinen Rahmenabkommens für den Frieden in Bosnien und Herzegowina (General Framework Agreement for Peace for Bosnia and Hercegovina – GFAP), das inoffiziell oft auch als Daytoner Friedensabkommen bezeichnet wird. Es wurde 1995 geschlossen, um dem illegalen Aggressionskrieg gegen Bosnien-Herzegowina endlich ein Ende zu setzen. Bis heute existiert keine offizielle Übersetzung des englischen Originaltextes und es gibt mehrere Meinungen darüber, ob jemals eine solche Übersetzung angefertigt wurde. So kam es dazu, dass mehrere Übersetzungen in Umlauf gebracht wurden und in dieser Form auch heute noch von staatlichen Institutionen in Bosnien-Herzegowina veröffentlicht und verwendet werden.

Wie vertrauenswürdig und akkurat sind die existierenden Übersetzungen und woher kommen sie? Wurden Aussagen der Verfassung durch die Übersetzungen verfälscht? Welche Auswirkungen haben die Übersetzungen auf die Gesellschaft? Diesen Fragen soll auf den Grund gegangen werden.

Die bosnisch-herzegowinische Verfassung ist ein riesiges und äußerst wichtiges Thema, mit dem sich diese Forschungsarbeit ansatzweise beschäftigen wird. Da es eine translationswissenschaftliche Arbeit ist, liegt der Fokus auf der Übersetzung. Es ist allerdings notwendig, weiter auszuholen und diese Fallstudie mithilfe einer Diskursanalyse und eines kleinen Exkurses in die Rechtswissenschaften in einen breiteren Kontext einzubetten.

Eine Auseinandersetzung mit der Fallstudienforschung im Allgemeinen soll die Grundlage für alle weiteren Beobachtungen und Erkenntnisse schaffen. Da es sich um eine Übersetzungskritik handelt, werden im Anschluss die angewandten übersetzungskritischen Methoden und Ansätze dargestellt. Der nächste Teil ist dem Kontext, der Verfassung selbst und deren Übersetzungen gewidmet. Zuerst werden die relevanten geschichtlichen und politischen Aspekte beleuchtet, um daraufhin näher auf die zwei Schlüsselkonzepte Rechtsstaatlichkeit und „Konstitutivität der Völker" einzugehen. Der Schlussteil besteht aus einer Diskursanalyse der öffentlichen Diskussion über diese Verfassung, um Folgen der Übersetzung zu beleuchten. Der Einfachheit halber wird die Verfassung von Bosnien und Herzegowina an vielen Stellen verkürzt als „die Verfassung" bezeichnet.

Die vorgenommene Analyse will keineswegs das Vertrauen in Translationsleistungen untergraben, sehr wohl aber auf die möglichen Gefahren eines nachlässigen Umgangs in Translationssituationen hinweisen. Auftraggeber:innen müssen sich endlich der notwendigen Professionalität von Translator:nnen und der ebenso notwendigen Evaluation von professionell angefertigten Übersetzungen bewusst werden.

2 Eine Verfassung und ihre Übersetzungen

2.1 Forschungsmethode: Fallstudie

2.1.1 Definitionen

Der Begriff „Fallstudie“ kommt aus den Sozialwissenschaften und fand als solcher auch in der Translationswissenschaft Verwendung. Ein Fall wird laut Gillham (2000) als eine Einheit menschlicher Aktivität definiert, die in die reale Welt eingebettet ist und mit ihrem Kontext verschwimmt, wobei als „Fall“ sowohl ein Individuum als auch eine Institution oder eine Gemeinschaft gelten kann. Fallstudien sind in der sozialwissenschaftlichen Forschung sehr beliebt und weisen bei sozialwissenschaftlicher Anwendung bestimmte Charakteristika auf. Sie sind intensiv, weil sie relativ „wenig“ Analysematerial tiefgründig untersuchen, gleichzeitig aber auch flexibel, weil sich Hypothesen und ursprüngliche Forschungsfragen im Verlauf der Arbeit sehr leicht ändern können. Sie untersuchen natürlich vorkommende Fälle mit „unkontrollierten“ Daten und legen dabei besonderes Augenmerk auf den Kontext, in den der Fall eingebettet ist. Der Untersuchungsgegenstand ist bei Fallstudien in all seinen Facetten relevant und wird durch erzählende und deskriptive Berichte elaboriert, wobei auch Interpretation eine wichtige Rolle spielt (vgl. Susam-Sarajeva 2009: 38f.).

Auch Birks et al. (2017) berichten, dass die Fallstudienforschung als effektive Methodologie angesehen wird, um komplexe Fragen unter realen Bedingungen zu untersuchen und zu verstehen, vor allem in den Sozialwissenschaften, in der Bildung, im Business und im Rechts- und Gesundheitswesen. Zudem hat sich die Fallstudienforschung in den letzten 40 Jahren durch die Anwendung verschiedenster methodologischer Zugänge und durch unterschiedliche Einflüsse und Perspektiven der Akteur:innen laufend verändert und weiterentwickelt. Die Fallstudienforschung verdankt ihren Theorienreichtum der Diversität ihrer Wissenschaftler:innen, die einerseits aus den unterschiedlichsten Disziplinen kommen und andererseits auch die Rolle der Fallstudienforschung unterschiedlich wahrnehmen. So entstanden verschiedene „Anleitungen", wie erfolgreiche Fallstudien vorbereitet, geplant und durchgeführt werden können, was die Fallstudienforschung zu einer pragmatischen und flexiblen Forschung machte, die eine Vielzahl an Definitionen, Anwendungen und Gültigkeiten zulässt und verschiedene Ziele verfolgt. Die am weitesten verbreiteten Definitionen sind jene von Yin (2014), Stake (1995) und Merriam (2009). Während Yin (2014) sich stark auf die Methodik konzentriert, richten Stake (1995) und Merriam (2009) den Fokus mehr auf den eigentlichen Fall (vgl. Birks et al. 2017: 1ff.).

2.1.2 Philosophische Orientierungen

Die Fallstudienforschung bietet laut Rosenberg & Yates (2007) viele verschiedene philosophische Orientierungsmöglichkeiten. Sie kann nach Guba et al. (2011) und Yin (2014) realistisch oder positivistisch sein, indem der/die Wissenschaftler:in von einer existierenden Wirklichkeit ausgeht, die er/sie zu erschließen versucht, oder sie kann relativistisch oder interpretivistisch sein, indem der/die Wissenschaftler:in sich selbst als Mitgestalter:in einer von mehreren alternativen Wirklichkeiten sieht. Laut Huberman et al. (2014), Merriam (2009) und Yin (2014) sind manche Fallstudien qualitativ orientiert und manche quantitativ, andere wiederum kombinieren qualitative und quantitative Methoden miteinander. In dieser Flexibilität sehen Anthony & Jack (2009), Casey & Houghton (2010), Farquhar (2012), Flyvberg (2011), Luck et al. (2006), Merriam (2009), Stake (2006) und Yin (2014) die Möglichkeit, für jede Fallstudie eine maßgeschneiderte Methode zu schaffen, mithilfe welcher die jeweiligen Forschungsfragen am besten beantwortet werden können. Meistens jedoch gilt die Fallstudienforschung laut Creswell (2014), Denzin & Lincoln (2011), Merriam (2009), Miles et al. (2014) und Stake (2006) als qualitativ und kann als solche explorativ, explikativ, interpretativ oder deskriptiv sein. Als häufigste Quellen zur Datengewinnung bei Fallstudien nennen Merriam (2009), Simons (2009), Stake (1995 & 2006), Stewart (2014) und Yin (2014) Beobachtungen, Interviews, Fokusgruppen und die Analyse von

Dokumenten und Artefakten. Die Wahrnehmungen und Interpretationen des Wissenschaftlers/der Wissenschaftlerin sind laut Creswell (2014) Teil der Fallstudie und verleihen dieser einen subjektiven Charakter. Farquhar (2012), Luck et al. (2006), Stewart (2014) und Yin (2014) legen nahe, bei der Auswahl der methodologischen Position stets die verschiedenen Zugänge in Betracht zu ziehen und jenes Modell zu wählen, dass am zielführendsten ist und der eigenen Weltanschauung entspricht. Die Fallstudie sollte trotz deskriptiver und interpretativer Elemente stets Objektivität anstreben. Laut Yin (2014) unterscheiden sich Fallstudien von experimentellen Studien dadurch, dass sie stets in ihrem Kontext erforscht werden (vgl. Birks et al. 2017: 7ff.).

2.1.3 Eigenschaften von Fallstudien

Laut Yin (2014) eignen sich Fallstudien hervorragend für das Beantworten von Fragen, die mit „Wie" und „Warum" beginnen. Fallstudien erfordern mehrere Beweisquellen, aus welchen Daten mit unterschiedlichen Methoden gesammelt werden können. Je mehr die Ergebnisse unterschiedlicher Methoden übereinstimmen, desto überzeugender ist die Fallstudie. Falls die Ergebnisse nicht übereinstimmen, muss eine Erklärung abgegeben und die Adäquatheit der Methodologien in Frage gestellt werden. Die Fallstudie ist zudem eine umfassende Forschungsmethode, die Umfragen, Interviews, Beobachtungen, Archivrecherchen und andere Forschungsmethoden umfassen kann (vgl. Susam-Sarajeva 2009: 39f.).

2.1.4 Historische Entwicklung

Fallstudienforschung ist laut Flyvberg (2011) so alt wie geschriebene Geschichte und hat laut Merriam (1998), Simons (2009) und Stewart (2014) ihren Ursprung in den Disziplinen Anthropologie, Geschichte, Psychologie und Soziologie. Erste historische Fallstudien verzeichnet Stewart (2014) im frühen 19. Jahrhundert, während Johansson (2003), Merriam (2009), Simons (2009) und Stewart (2014) viele detaillierte ethnographische Studien, die Charakteristika von Fallstudien aufweisen, ins frühe 20. Jahrhundert verorten. Johansson (2003) und Simons (2009) berichten von Soziolog:innen und Anthropolog:innen, die Menschen in realen Situationen begleiteten und so laut Merriam (2009) durch das Beobachten und Beschreiben zu ihren Forschungsergebnissen kamen. In den späten 1940er und 1950er Jahren wurden allerdings laut Johansson (2003) in den Sozialwissenschaften immer mehr quantitative Methoden den qualitativen Methoden vorgezogen. In den 1960er und 1970er Jahren dominierten laut Merriam (2009) die quantitativen Methoden weiterhin und Fallstudien wurden für gewöhnlich als integrale Teile von quantitativen Studien durchgeführt und nicht als selbstständige Forschungsarbeiten. An der Fallstudienforschung wurde laut Johansson (2003), Merriam (2009) und Stewart (2014) oft bemängelt, dass sie keine Verallgemeinerbarkeit garantieren kann, was zu mehreren philosophischen Zugängen zu dieser Forschungsmethode führte. Die Vorformen der modernen Fallstudienforschung werden oft auf die Chicago School of Sociology zurückgeführt und sollen laut Stewart (2014) im Zeitraum von 1920 bis 1960 entstanden sein. Die Fallstudienforschung blieb außerdem keine exklusiv anthropologische Methode sondern fand laut Anthony & Jack (2009), Bennett & George (2005), Brown (2008), Creswell et al. (2007), Gerring (2004), Simons (2009) und Yin (2014) auch Einzug in andere Wissenschaftsbereiche und Disziplinen wie die Medizin, die Soziologie, die Bildungswissenschaft, die Politikwissenschaft und andere Sozialwissenschaften. Johansson (2003) sieht in der Grounded Theory eine Kombination qualitativer und quantitativer Methoden und somit die Kreation einer neuen Methodologie. Dieser Entwicklung verdanken Anthony & Jack (2009), Bennett & George (2005), Johansson (2003), Merriam (2009) und Stake (1995) die Wiederbelebung der Fallstudienforschung in vielen Disziplinen. Zur methodologischen Evolution der Fallstudienforschung trug laut Bennett & George (2005) auch das Kombinieren verschiedener formaler, statistischer, narrativer und empirischer Methoden innerhalb einzelner Fallstudien bei. Die Tatsache, dass Fallstudien kontinuierlich angewandt wurden, um komplexe Institutionen, Praktiken, Prozesse und politische Beziehungen zu verstehen, beweist die Nützlichkeit von Fallstudien. Sie eignen sich laut Anthony & Jack (2009), Bennett & George (2005), Flyvberg (2011), Jackson et al. (2006), Merriam (2009), Stake (2006) und Yin (2014) vor allem für die Erforschung komplexer Sachverhalte, in welchen menschliches Verhalten und soziale Interaktionen zentrale Rollen spielen (vgl. Birks et al. 2017: 2ff.).

2.1.5 Fallstudien in der Translationswissenschaft

Fallbeispiele sind laut Susam-Sarajeva (2009) die von Student:innen der Translationswissenschaft am häufigsten herangezogene Methodologie, weil dieser Zugang ihnen ermöglicht, in reale Translationssituationen einzutauchen und so gewisse Translationsphänomene auf einer tieferen Ebene zu untersuchen und darzustellen. Die Fallstudie ist als Methode so weit verbreitet, dass sie oft ohne viel Diskussion über ihre Charakteristika und Anforderungen angewandt wird. Das Hauptcharakteristikum der Fallstudie in der Disziplin der Translationswissenschaft ist die „Singularität". Das bedeutet, dass wissenschaftliche Publikationen, die von ihren Autor:innen als Fallstudien bezeichnet werden, sich jeweils auf eine Übersetzung, eine:n Autor:in, eine einzelne Translationssituation etc. beziehen. Die oberflächliche Anwendung der Fallstudie in der Translationswissenschaft ist zu kritisieren, weil dabei zu wenig auf die tatsächliche Methodologie und die speziellen Anforderungen, die eine Fallstudie mit sich bringt, eingegangen wird (vgl. Susam-Sarajeva 2009: 37f.).

Susam-Sarajeva (2009) definiert einen „Fall" in der Translationswissenschaft als im realen Leben existierende(s) Tätigkeit, Produkt, Person o.ä. mit Bezug zum Übersetzen oder Dolmetschen, sei dies nun ein übersetzter Text oder ein:e übersetzte:r Autor:in, ein:e Übersetzter:in, ein:e Dolmetscher:in, oder gar eine Translationsinstitution. Durch translationswissenschaftliche Fallstudien ziehen sich hauptsächlich „Wie"- und „Was"-Fragen. Es geht sehr oft darum, wie und warum etwas übersetzt oder aufgenommen wurde. Dabei hat der/die Wissenschaftler:in keinerlei Kontrolle über die Translationssituation oder ihre Konsequenzen (wie zum Beispiel die Rezeption der Übersetzung), sondern versucht vielmehr, durch detaillierte Analyse unstrukturierter Daten Antworten auf die jeweiligen Forschungsfragen zu finden. Problematisch ist, dass in der Translationswissenschaft Analyseeinheiten oft als „Beispiele" und nicht als „Fälle" dahingestellt werden, wodurch ihnen Repräsentativität zugesprochen wird. Dabei pickt sich der/die Autor:in jene Beispiele heraus, die am besten seine/ihre Hauptargumente unterstützen, ohne dabei das große Ganze (und damit auch den Kontext) zu beleuchten oder Beweise aus verschiedenen Quellen zusammenzutragen (vgl. Susam-Sarajeva 2009: 40f.).

2.1.6 Arten von Fallstudien

Yin (1994) unterscheidet zwischen Einzelfallbeispielen, die die globalen Aspekte der Analyseeinheit untersuchen (zum Beispiel die Übersetzung eines literarischen Werks), und „eingebetteten Fallbeispielen", die zum Beispiel auch Neuübersetzungen oder die verschiedenen Übersetzungen eines Texts über einen gewissen Zeitraum hinweg miteinbeziehen. Man sollte laut Yin (2014) jedoch bei der Arbeit an eingebetteten Fallbeispielen stets zur Hauptanalyseeinheit zurückkehren und sich nicht in den Untereinheiten verlieren. Diese Hauptanalyseeinheit wird durch die Forschungsfragen definiert. Um also eine spezifische Hauptanalyseeinheit zu erhalten, dürfen die Forschungsfragen nicht zu vage sein und es sollten auch nicht zu viele Forschungsfragen gestellt werden. Die Grenzen zwischen Fall und Kontext müssen so klar wie möglich gezogen werden (vgl. Susam-Sarajeva 2009: 42). Im konkreten Fall der hier bearbeiteten Thematik gehören zum Kontext die Geschichte und Politik von und in Bosnien-Herzegowina sowie die Charakteristika der Verfassung von Bosnien-Herzegowina, ihre Funktionalität, ihre Entwicklung und Reformen sowie das Verfassungsrecht. Die Hauptanalyseeinheit sind ausgewählte Übersetzungen der Verfassung von Bosnien-Herzegowina in die Landessprachen. Eingebettete Untereinheiten sind die beiden Schlüsselkonzepte Rechtsstaatlichkeit und die „Konsitutivität der Völker" sowie die Folgen der Übersetzung. Der Umfang der Studie, der dem/der Wissenschaftler:in stets klar sein sollte, beeinflusst den Umfang der Einheiten Fall, Kontext oder Untereinheit (vgl. Susam-Sarajeva 2009: 43).

Yin (1994) unterscheidet weiter zwischen Einzelfallstudien und multiplen Fallstudien, im Rahmen welcher mehrere Fälle untersucht werden, die entweder ganzheitlich oder eingebettet sein können. Eine multiple Fallstudie mit ganzheitlichen Einzelfällen kann beispielsweise eine komparative Studie verschiedener Voiceover-Versionen eines Films sein, während eine multiple Fallstudie mit eingebetteten Einzelfällen zum Beispiel in Form einer Erforschung von Übersetzungen bestimmter Kurzgeschichten (Untereinheiten) von bestimmten Autor:innen auftreten kann. In der Translationswissenschaft soll die Verwendung von multiplen Fallstudien bevorzugt werden, obwohl diese in dieser Disziplin im Vergleich zu Einzelfallstudien noch ziemlich rar sind.

Einzelfallstudien sind nur unter bestimmten Bedingungen gerechtfertigt. Sie sind gerechtfertigt, wenn der Fall nach Yin (1994) „entscheidend zur Überprüfung einer gut formulierten Theorie" beiträgt (im Sinne, dass an dieser Theorie gerüttelt wird und sie womöglich neu aufgestellt werden muss), wenn der Fall „extrem" oder „einzigartig" (1994) ist oder wenn der Fall ein bis dahin noch verschlossenes Gebiet für die Wissenschaft öffnet und somit weiterführende Forschung stimuliert (1994) (vgl. Susam-Sarajeva 2009: 42ff.). Letzteres trifft auf den im Rahmen dieser Forschungsarbeit erläuterten Fall zu. Es gibt bereits einige Stimmen, die Kritik an den Übersetzungen der Verfassung geäußert haben, allerdings nur beiläufig oder in einer Form, die nicht die Autorität mitbringt, die eine gründliche wissenschaftliche Arbeit haben kann. Daher liegt dieser Forschungsarbeit sehr wohl die Absicht zugrunde, einen nützlichen und hoffentlich eröffnenden Beitrag zu leisten, der die Verfassung erneut zum Thema macht und einen akademischen Diskurs antreibt.

2.1.7 Schlussfolgerungen

Fallstudien bringen oft Verallgemeinerungen mit sich. Verallgemeinerbarkeit wird jedoch in der qualitativen Forschung sehr kritisch betrachtet, weil dadurch die Komplexität der untersuchten Phänomene zu wenig berücksichtigt wird. Viele Sozialwissenschaftler:innen hegen jedoch das Interesse, mit ihren Arbeiten und Fallstudien einen breiten Anwendungsbereich abzudecken. Deshalb existieren Bestrebungen, das Konzept der Verallgemeinerbarkeit so hinzubiegen, dass es mit der qualitativen Forschung in Einklang gerät. Andere Wissenschaftler:innen wiederum sehen keinerlei Notwendigkeit darin, mithilfe von Fallstudien Verallgemeinerungen zu generieren. Sie sehen den Nutzen von Fallstudien darin, dass andere Wissenschaftler:innen davon profitieren (vgl. Susam-Sarajeva 2009: 44f.).

Gillham (2000) vergleicht die Beweisfindung bei Fallstudien mit gerichtlichen Ermittlungen. Den/Die Wissenschaftler:in vergleicht er mit dem/der Richter:in, der/die nichts vom Beweismaterial außer Acht lässt, dieses auf seine Vertrauenswürdigkeit hin prüft, es mit anderen Beweisquellen vergleicht und mithilfe dieses Materials zu den bestmöglichen Schlussfolgerungen kommt. Verallgemeinerungen in Fallstudien steht er skeptisch gegenüber.

Stake (2000) begrüßt Verallgemeinerungen, die aus Fallstudien hervorgehen, nicht jedoch abstrakte oder rationalistische, denn sogar gut formulierte Verallgemeinerungen können zu einer Übervereinfachung des untersuchten Phänomens führen. Deshalb sollten sich laut ihm Fallstudienforscher:innen nicht auf Verallgemeinerungen, sondern auf die genaue Beschreibung des untersuchten Falls konzentrieren, sodass die Einzigartigkeit dieses Falls sichtbar und für andere zugänglich wird. Lincoln & Guba (2000) gehen noch einen Schritt weiter und behaupten, dass manche Ergebnisse auch in einem anderen Kontext gelten können. Sie beschäftigen sich mit der interkontextuellen Transferabilität. Somit fällt der Fokus wieder auf den Kontext: Um diese Transferabilität zu ermöglichen, ist eine intensive Beschäftigung mit dem Kontext unabdingbar. Stake (2000) betont, dass Fallstudien expansionistisch sind. Das heißt, dass sie den Forschungsgegenstand immer mehr ausweiten und nicht wie bei der Theorienbildung einengen (2000). Das bedeutet für Gile (1998) aber keineswegs, dass sie deshalb weniger wissenschaftlich sind, obwohl dies oft angenommen wird. In Anlehnung an Piagets Schematheorie erläutert Donmoyer (2000), dass Forschung überhaupt keine „richtigen Interpretationen" liefern muss und auch nicht „typisch" oder „repräsentativ" zu sein hat. Vielmehr soll sie die kognitiven Strukturen der akademischen Gemeinschaft bereichern (2000). Wer Fälle aufgrund ihrer vermeintlichen Repräsentativität oder Typizität auswählt, tappt in eine Falle. Bei Fallstudien werden die theoretisch relevanten Charakteristika des Falls/der Fälle ausgewählt und auf Grundlage der Logik zueinander in Beziehung gesetzt (vgl. Susam-Sarajeva 2009: 46ff.).

Vor allem in der Translationswissenschaft haben Fallstudien nur eine eingeschränkte Leser:innenschaft, weil das Thema jeweils sowohl von den Sprachen als auch von den Wissensgebieten der Translationswissenschaftler:innen bestimmt wird. Die meisten Translationswissenschaftler:innen fühlen sich durch Fallstudien, die eine ihnen unbekannte Sprache oder Kultur behandeln, nicht angesprochen. Wenn man aber als translationswissenschaftliche:r Fallstudienforscher:in auch andere Wissenschaftler:innen außerhalb des „eigenen Kreises" erreichen möchte, dann sollte man sich schon Gedanken zur Verallgemeinerbarkeit der Erkenntnisse machen (vgl. Susam-Sarajeva 2009: 50). Während die hier vorgenommene Fallstudie zwar keinen Anspruch auf eine flächendeckende Verallgemeinerbarkeit der darin enthaltenen translationswissenschaftlichen Erkenntnisse erhebt, kann sie durchaus als ein Beispiel dafür dienen, aus welchen Blickwinkeln und in welcher Weise Übersetzungen wichtiger und staatsstiftender Dokumente in ihrem historischen und gesellschaftlichen Kontext untersucht und gedeutet werden können. Das „Zielpublikum" oder die intendierte Leser:innenschaft soll außerdem nicht auf Translationswissenschaftler:innen beschränkt bleiben. Aufgrund der Aktualität und Relevanz des Themas besteht die Hoffnung, auch Rechtswissenschaftler:innen, Politikwissenschaftler:innen und andere, die sich mit diesem Thema beschäftigen, zu erreichen.

2.2 Translationswissenschaftliches Instrumentarium

Im Folgenden sollen die übersetzungskritischen Modelle und Ansätze diskutiert werden, auf welchen die Kritik an den ausgewählten Verfassungsübersetzungen fußt. Hierbei werden all jene Aspekte beleuchtet, die für die spätere praktische Anwendung relevant sind. Die vorgenommene Kritik folgt nicht einer bestimmten Methode oder einem bestimmten Ansatz, sondern vielmehr den individuell für diesen Fall gewählten und aus mehreren Methoden und Ansätzen stammenden Kriterien. Ebendieser Zugang wurde der im Folgenden erläuterten Literatur entnommen.

Einer dieser Ansätze ist der pragmalinguistische Ansatz von House (1997). Laut ihr müssen bei der Übersetzungskritik *register, genre* und *individual text function* des jeweiligen Ausgangstexts untersucht werden, um dann den Ausgangstext mit der Übersetzung vergleichen zu können. Beim *register* geht es um den Inhalt und den Fachlichkeitsgrad, aber auch um die Beziehungsebene der Kommunikationsteilnehmer:innen. Um das *register* zu untersuchen, muss eine Analyse der Lexik, der Syntax und des Texts erfolgen. Der Begriff *genre* lässt sich mit dem Konzept der Textsorte vergleichen. Die *individual text function* beschreibt die Funktion des Ausgangstexts, die entweder inhalts- oder reaktionsbezogen sein kann. Laut House (1997) hängt die Übersetzungsqualität von der Äquivalenz beziehungsweise vom Bedeutungserhalt ab. Dabei sollen stets die situativen Kommunikationsfaktoren und die kulturelle Einbettung des Texts in die Analyse miteinbezogen werden. Ein weiterer wichtiger und vor allem für diesen konkreten Fall relevanter Aspekt ist die Unterscheidung zwischen *overt* und *covert translation* nach House (1997). Die *overt translation* wird von den Rezipient:innen klar als Übersetzung wahrgenommen, während sich die *covert translation* nicht so leicht als Übersetzung erkennen lässt und auch als Original rezipiert werden kann. Eine *overt translation* kann demnach nicht die gleiche Funktion haben wie ihr Original, während eine *covert translation* nicht das gleiche *register* haben kann wie ihr Original (vgl. Reinart 2014: 51ff.).

Ein weiterer Ansatz ist der polysystemische Ansatz der Descriptive Translation Studies. Auch dieser Ansatz baut auf einer vergleichenden Ausgangs- und Zieltextanalyse auf und setzt voraus, dass der/die Kritiker:in stets im Lichte der von dem/der Übersetzer:in befolgten Übersetzungsnormen beobachtet und beurteilt (vgl. Reinart 2014: 54f.).

Beim funktionalistischen übersetzungskritischen Ansatz nach Ammann (1990) ist die Untersuchung rein zieltextorientiert und das Hauptaugenmerk liegt, wie schon der Name voranstellt, auf der Funktion des Translats. Sie kritisiert die linguistisch orientierte Bewertung von Übersetzungen. Eine übersetzungskritische Analyse hat laut ihr in fünf Schritten zu erfolgen. Zuerst sollen die Funktion und die Kohärenz des Translats festgestellt werden, dann die Funktion und Kohärenz des Ausgangstexts. Schließlich soll die Kohärenz zwischen diesen beiden Texten festgestellt werden. Der Kern einer solchen Untersuchung ist die Wirkung, die beide Texte jeweils auf ihre Rezipient:innen haben. Nicht nur das Original, sondern auch das Translat wird von Ammann (1990) in seinem historisch-sozialen Kontext betrachtet. Diese Wirkung der Texte auf die Rezipient:innen ist allerdings nur schwer messbar, was als methodologischer Schwachpunkt dieses Ansatzes gesehen werden kann. Amman (1990) meint nicht, mit ihrem Modell Vollständigkeit in die Übersetzungskritik gebracht zu haben, aber sie bietet mit ihren fünf Schritten zumindest ein Rahmenwerk für diese Art translationswissenschaftlicher Arbeit (vgl. Reinart 2014: 56ff.).

Da keine Übersetzung mit dem Ausgangstext identisch sein kann, müssen stets Prioritäten gesetzt werden, welche Aspekte aus dem Ausgangstext unbedingt in der Übersetzung erhalten bleiben sollten. Um diese Prioritäten setzen zu können, muss zunächst eine Ausgangstextanalyse erfolgen. Hierfür hat Kautz (2000) ein Modell entwickelt, welches eigentlich als Übersetzungsvorbereitung gedacht war, aber genauso auch für die Übersetzungskritik anwendbar ist. Die Fragen, die er in diesem Modell stellt, sollen dem/der Übersetzer:in helfen, sich nicht in Details zu verfangen, sondern eine Strategie zu finden, die den Text als Ganzes sieht. Hierbei spielt auch die Übersetzungssituation eine Rolle: Ist der Übersetzungsauftrag geeignet formuliert? Kann der/die Übersetzer:in den Text ausreichend verstehen? Kautz stellt ein einfaches Schema bereit, das zeigt, wie komplex das Übersetzen ist und dass Übersetzer:innen auch vor nichtsprachlichen Herausforderungen stehen (vgl. Reinart 2014: 63ff.).

Ein weiteres übersetzungsvorbereitendes, aber auch für die Übersetzungskritik hilfreiches Textanalysemodell stammt von Nord (1995, 1998a, 1998b). Mithilfe ihrer Fragenliste werden die textexternen und textinternen Faktoren eines Ausgangstexts ermittelt (vgl. Reinart 2014: 67ff.).

Die Fachtextanalyse nach Thiel & Thome (1987) bietet einen detailreichen Analyserahmen, der zwar textsortenspezifisch, aber auch sehr anspruchsvoll und arbeitsintensiv ist, da drei Analyseperspektiven einbezogen werden. In der Praxis hat sich dieser als nicht so bedürfnisdeckend erwiesen (vgl. Reinart 2014: 70f.).

Ebenfalls speziell für Fachtextsorten entwickelte Hoffmann (1985) die kumulative Fachtextanalyse. In seiner Analyse werden die jeweiligen Texte linguistisch beschrieben. Für die Bedürfnisse der Translationswissenschaft müssen laut Sandrini (1998) ergänzend noch die kommunikative Situation, die Textfunktion sowie die Interkulturalität berücksichtigt werden (vgl. Reinart 2014: 71f.).

Für Reinart (2014) macht eine Ausgangstextanalyse, bei der die Lexik, Grammatik, Syntax usw. untersucht werden, vor allem dann Sinn, wenn der Zieltext tatsächlich vom Ausgangstext gesteuert wird. Als Beispiel hierfür nennt sie die Autorität bestimmter Texte, bei welchen die Wörtlichkeit von großer Bedeutung ist (vgl. Reinart 2014: 81). Der hier behandelte Verfassungstext ist jedenfalls ein solcher Text, der über eine große Autorität verfügt. Laut Reinart (2014)

> […] kann keiner der genannten Ansätze den Anspruch erheben, ein vollständig zufriedenstellendes Instrumentarium für die Beurteilung beliebiger Einzeltexte bereitzustellen. […] Im Falle der sehr komplexen übersetzerischen Realität kann jedes Modell daher stets nur ein paar wenige Anhaltspunkte für die Bewertung eines konkreten Einzeltexts bieten. Wenn die eingangs gestellte Frage nach der Notwendigkeit eines neuen translatkritischen Schemas also mit „ja" beantwortet werden soll, dann besteht die Aufgabe der Translationsforschung weniger in der Entwicklung eines neuen Modells, sondern vielmehr in der Bereitstellung verschiedener spezifischer Modelle, die nicht nur das Übersetzen, sondern auch das Dolmetschen einschließen. (Reinart 2014: 82–83)

Daher wird für die Bewertung der Verfassungsübersetzung ein kombiniertes Modell angewandt werden, das auf Grundlage der oben genannten Anhaltspunkte für die konkreten Bedürfnisse der Fragestellung dieser Arbeit sozusagen maßgeschneidert wurde. Somit soll, wie von Reinart vorgeschlagen, ein weiteres spezifisches Modell bereitgestellt werden.

Reinart mahnt außerdem an, stets klarzustellen, wem die jeweilige Übersetzungskritik dienen soll. Der Nutzen der Kritik soll nicht nur beiläufig erwähnt, sondern gründlich erörtert werden (vgl. Reinart 2014: 87). Dieser Anweisung folgt die vorliegende Arbeit, indem sie in der später folgenden Diskursanalyse zeigt, wie die kritisierten Übersetzungen auf die Gesellschaft einwirk(t)en und ob beziehungswesise inwieweit diese Folgen durch eine bessere Übersetzung in eine andere Richtung gelenkt werden könnten. Der Nutzen der vorgenommenen Übersetzungskritik ist hier also klar und deutlich dargelegt.

Ein weiterer relevanter Aspekt, auf den in der hier vorliegenden Arbeit hingewiesen werden soll, ist das „Machtgefüge im Verhältnis der Handlungspartner" (Reinart 2014: 86). „Direkte Einflussnahmen aus externen Machtfeldern, vor allem aus jenen der Politik und der Ideologien" (Prunč 2007: 326) verzeichnet Prunč in seinen Entwicklungslinien. Auch die Übersetzungen selbst haben Macht: Fachtexte sind oft überhaupt nicht als Übersetzungen ausgewiesen, sondern ersetzen sozusagen die Originale. Hierbei wird oft gar nicht darauf geachtet, wie sehr sie dem Ausgangstext entsprechen, solange sie ihre Funktionen erfüllen (vgl. Reinart 2014: 97). Gefährlich wird dieser

Umstand in Fällen wie zum Beispiel der hier diskutierten Verfassung, deren nicht authentifizierte Übersetzung dann plötzlich als „die Verfassung“ gilt und den Originaltext ersetzt.

Obwohl jede Übersetzung immer auch eine Interpretation ist (vgl. Jakobson: 1959), gibt es vor allem bei Fachtexten bestimmte Begriffe, welchen gefestigte Definitionen zugrunde liegen und die in der Übersetzung nicht umgangen werden dürfen. Die Fachsprachlichkeit muss gewahrt werden, und diese zeichnet sich hauptsächlich durch die Fachterminologie aus. Die Fachtermini sind die Hauptbedeutugsträger fachsprachlicher Texte, dementsprechend ist die terminologische Korrektheit eine der Voraussetzungen für eine gelungene Fachtextübersetzung. Es ist auch eine Frage der Verantwortung: Terminologiefehler in Fachtextübersetzungen können schwere Folgen haben, da Fachtexte oft direkt in das Leben von Menschen eingreifen (vgl. Reinart 2014: 101ff.). Diese deutlichen, von der Rechtssprache vorgegebenen Grenzen der Interpretation wurden in den untersuchten Verfassungsübersetzungen teilweise missachtet. Über die Folgen der Übersetzungen kann an dieser Stelle noch nichts gesagt werden, diese werden später beleuchtet.

Bei der Fachübersetzungskritik soll außerdem geprüft werden, ob fachsprachliche Phraseologismen, die festen Wortverbindungen der jeweiligen Fachsprache, richtig abgerufen und demensprechend zielsprachenkonform, also nicht wortwörtlich, übertragen wurden. Noch ein Beurteilungskriterium ist die Übertragung der fachsprachlichen Syntax, die in jeder (Fach-)Sprache anders sein kann. Dabei können in einer Fachsprache sogar durchgehend syntaktische Konstruktionen vorkommen, die außerhalb dieser Fachsprache nirgendwo anders Verwendung finden, auch nicht in der Gemeinsprache. Vor allem in Rechtstexten müssen alle Formulierungen normkonform sein (vgl. Reinart 2014: 117ff.). Sogar neben der Existenz all dieser Regelsätze

> [...] kann auch die ausführlichste Aufstellung von Prüfkriterien zu Fachübersetzungen jeweils nur ein Grundgerüst übersetzungskritischer Maßstäbe definieren, das anschließend in Abhängigkeit von Fachtextsorte und Einzeltext modifiziert werden muss. (Reinart 2014: 120)

Jede Textsorte und jedes Textindividuum erfordert eine eigene Gewichtung der Prüfmerkmale, damit die Übersetzungskritik als fair gelten kann. Dabei muss auch stets angeführt werden, warum welchen Details mehr Aufmerksamkeit geschenkt wird als anderen. Die Parameter, nach welchen die Prüfmerkmale gewichtet werden, müssen klar definiert werden. Dadurch wird die Übersetzungskritik transparent (vgl. Reinart 2014: 156ff.). Laut Reinart (2014) können Übersetzungfehler erst dann gewichtet werden, „wenn nach ihrer Relevanz für den Gesamttext gefragt wird." (Reinart 2014: 118) Diese Frage soll im Rahmen der Kapitel zu den Schlüsselkonzepten beantwortet werden.

Um konstruktiv zu sein und kein reiner Selbstzweck zu bleiben, muss die Übersetzungskritik laut Reinart (2014) viel mehr sein als nur eine Fehlerjagd. Ihr Zweck muss stets erkennbar sein und sie muss produktiv sein, indem sie das Fortleben wichtiger Werke ermöglicht. Wenn eine Translation nicht gelingt, kann das praktische Konsequenzen haben. Laut Berman (1995) soll Übersetzungskritik dem Werk dienen, indem sie konkrete Ergebnisse liefert und neue Denkanstöße gibt. Reinart beschreibt seinen Ansatz als „nicht unmittelbar auf nichtliterarische Formen der Translation […] anwendbar" (Reinart 2014: 234), da sie unter „bedeutsamen Werken" nur bedeutsame literarische Werke versteht und unter dem Begriff „Gebrauchstexte" lediglich Texte wie Handbücher oder Anleitungen subsummiert, die überhaupt nur für eine kurze Zeit aktuell bleiben (vgl. Reinart 2014: 234). Dieser Annahme muss hier widersprochen werden, da Verfassungen zwar profan sind, aber keineswegs so schnell geändert oder gar ersetzt werden (können). Für gewöhnlich überdauern Verfassungen schon lange Zeiträume. Demzufolge liegt sehr wohl großes Interesse auch im Fortbestand der Übersetzung, vor allem, wenn diese offiziell gültig ist bzw. sein sollte.

Reiß (1971), eine der Pionier:innen der Übersetzungskritik, stellt die Forderung, dass die Persönlichkeit des Übersetzers/der Übersetzerin Beachtung erfahren muss, weil auch sie bestimmte Auswirkungen auf das Translat hat (vgl. Reinart 2014: 347). Dieser Forderung kann die vorliegende Fallstudie leider nicht gerecht werden, da die Übersetzer:innen des Verfassungstexts nirgends angeführt werden und auch den dazu befragten Personen/Institutionen nicht bekannt sind.

Reinart (2014) spricht unter anderem auch den Mangel an Einzeltextanalysen von Gebrauchstextübersetzungen an und sieht die Arbeit in diese Richtung als wichtigen Beitrag zur empirischen Forschung in diesem Bereich. Laut ihr sichern komparative Analysen bereits bestehende Prüfkriterien ab und bieten außerdem neue Erkenntnisse. Dabei müssen die in der Analyse befolgten Kriterien stets offengelegt werden (vgl. Reinart 2014: 389ff.). Die Offenlegung der Kriterien für die hier vorgenommene Übersetzungskritik erfolgt später, bevor dann die konkrete Analyse präsentiert wird.

Ein Gespräch mit dem/der Übersetzer:in über seine/ihre Übersetzungsstrategie soll laut Reinart (2014) die „Stimme des Übersetzers" hörbar machen und so den Prüfaufwand verringern (vgl. Reinart 2014: 403). Dies setzt allerdings voraus, dass es sich bei dem/der Übersetzer:in um eine:n professionelle:n und nichtmanipulative:n Translator:in handelt, was in diesem Fall nicht garantiert werden kann. Außerdem ist die Identität des Übersetzers/der Übersetzerin/der Übersetzer:innen wie bereits erwähnt unbekannt. Nachdem in diesem Kapitel die grundlegende Methodologie in Bezug auf das konkrete Thema erörtert wurde, soll nun der Kontext der Translationssituation erläutert werden.

2.3 Der Kontext

2.3.1 Ein Kapitel aus der Geschichte

Um die Verfassung eines Staates zu verstehen, muss zunächst der Staat verstanden werden, und um den Staat zu verstehen, muss zunächst dessen Geschichte verstanden werden. In den folgenden Zeilen sollen die für Bosnien und Herzegowina relevanten historischen Ereignisse ab dem Bestehen der Sozialistischen Föderativen Republik Jugoslawien ausgeführt werden. Haverić (2006) nennt diesen Zeitraum eine Periode der „gerafften Geschichte", in der in einem chronologisch unbedeutendem Zeitintervall viel mehr geschah, als während ganzer Jahrzehnte. Die Ursache dieser „Raffung der Geschichte" sieht er im weltweiten Fall des Kommunismus, also einer globalen Veränderung, die Platz schaffte für das Hervortreten jener Ansprüche, die bis dahin ideologisch unterdrückt waren (vgl. Haverić 2006: 27). Diese „geraffte Geschichte" soll nun skizziert werden. Dabei stützen sich die folgenden Ausführungen bewusst nur auf eine Quelle, den Historiker Noel Malcolm, da dies keine geschichtswissenschaftliche sondern eine translationswissenschaftliche Arbeit bleiben soll und der historische Rückblick lediglich als Verständnisgrundlage dient, die zwar nicht zu vereinfacht, aber so kurz wie möglich gehalten werden soll.

In Bezug auf die Frühgeschichte Bosniens soll lediglich erwähnt werden, dass Bosnien und Herzegowina sowohl während seiner mittelalterlichen Staatlichkeit als auch als Teil des Osmanischen Reichs, der Österreichisch-Ungarischen Monarchie, des Königreichs Jugoslawien und der Sozialistischen Föderativen Republik Jugoslawien als territoriale und geopolitische Einheit erhalten blieb und seinen staatsrechtlichen Status beibehielt (vgl. Trnka 2009: 46). Aber nun zurück zur gerafften Geschichte.

Von 1945–1989 war Bosnien und Herzegowina Teil der Sozialistischen Föderativen Republik Jugoslawien (SFRJ), auch bekannt als „Titos Jugoslawien", benannt nach dem damaligen Staatspräsidenten Josip Broz Tito. Tito sorgte nach dem Zweiten Weltkrieg zwar für Frieden, der Kommunismus brachte jedoch auch viele Probleme mit sich. Ein typisches Charakteristikum der dort geführten stalinistischen Politik war zum Beispiel die antireligiöse Kampagne gegen alle Religionen. Zudem vermischten sich im ehemaligen Jugoslawien Religions- mit Identitätsfragen. So wurde aus der Religionszugehörigkeit „muslimisch" plötzlich eine ethnische Kategorie: die der „Muslime". Auch in Rechtstexten sprach man von „Serben, Kroaten und Muslimen". Außerdem kam es in Jugoslawien zu einer immer stärkeren Dezentralisierung der nationalen Entitäten. Auch die Wirtschaft stagnierte und schlummernde nationale Feindschaften wurden zu erneutem Leben erweckt, als sich Serbien mit dem Vorwurf der Diskriminierung der anderen Nationalitäten konfrontiert sah. Tatsächlich waren alle wichtigen Positionen in Rundfunk und Justiz von Serb:innen besetzt. Nach und nach wurden verschiedene Nationalismen salonfähig und es häuften sich Aussagen über „ethnisch saubere" Gebiete und die Aufteilung Bosnien-Herzegowinas zwischen Serbien und Kroatien. Der serbische Nationalismus wurde unter anderem von den historischen Verlusten jener Gebiete genährt, die früher zu Serbien gehört hatten. Ein solcher Verlust war auch der des mehrheitlich albanischen und muslimischen Kosovos, welches Tito zu einer autonomen Provinz gemacht hatte. Daraus lässt sich auch die antiislamische Haltung des serbischen Nationalismus erschließen. Auf die massivst geschwächte und korrupte Wirtschaft des hochverschuldeten Jugoslawiens reagierte die Regierung mit dem Versprechen, weitreichende strukturelle Wirtschaftsreformen einzuführen, die jedoch nie umgesetzt wurden. Die Bevölkerung wurde immer unzufriedener, ärmer und enttäuschter, was sie zum perfekten Publikum für manipulative Dämagog:innen machte. Slobodan Milošević, der neue Leiter der serbischen Kommunist:innen, nutzte die Unzufriedenheit der Bevölkerung. Er setzte die damaligen Parteifunktionär:innen unter Druck und brachte sie dazu, ihre Funktionen aufzugeben. Die offenen Stellen besetze er mit seinen eigenen Leuten. Die Ideologie des serbischen Nationalismus wurde nun auf Staatsebene ausgetragen (vgl. Malcolm 1994: 338ff.).

Im Zeitraum von 1989–1992 kam es zum Zerfall Jugoslawiens. 1991 erklärten Slowenien und Kroatien ihre Unabhängigkeit. In ganz Jugoslawien kam es zu vielen Neuparteigründungen unabhängiger Parteien. Auch Milošević machte aus seiner Partei die „SDS" (Sozialistische Partei Serbiens) und kündigte Neuwahlen in Serbien an, welche jedoch wieder verschoben wurden. Miloševićs neue Strategie offenbarte sich zunächst im mehrheitlich serbischen Knin in Kroatien, wo die SDS propagandistische Parolen aus Belgrad verbreitete und die serbische Bevölkerung dazu aufrief, sich gegen den „Ustascha-Staat" zu verteidigen. 1990 wurde ein lokales Referendum über die „Autonomie" der Serb:innen abgehalten, obwohl dieses von der kroatischen Bevölkerung als rechtswidrig erklärt wurde. Es kam zu bewaffneten Auseinandersetzungen. Weil in Bosnien und Herzegowina nicht von einer Bedrohung des „Ustascha"-Regimes gesprochen werden konnte, musste eine andere Bedrohung her. So wurde den bosnischen Serb:innen mitgeteilt, sie seien von „islamischen Fundamentalist:innen" bedroht, was angesichts der Tatsache, dass die bosnischen Muslim:innen zu den säkularisiertesten Muslim:innen weltweit gehörten, schlichtweg absurd war. Auch in Bosnien und Herzegowina wurden Wahlen abgehalten. Als die neue Regierung unter Alija Izetbegović Ende 1990 ihr Amt antrat, war die allgemeine Lage in Jugoslawien schon sehr angespannt. Anfang 1991 drohte Milošević offen damit, ganze Teile Kroatiens und Bosnien-Herzegowinas an Serbien anzuschließen, falls die föderative Struktur Jugoslawiens mit einer lockereren Form der Konföderation ersetzt werden sollte. Diese Lockerung der Staatsform lag im gemeinsamen Interesse Sloweniens,

Kroatiens und Bosnien-Herzegowinas, die damit die Regierung in Belgrad daran hindern wollten, Jugoslawien zu dominieren und zu manipulieren. Im Sommer 1991 wurde durch ein abgehörtes Telefongespräch publik, dass die bosnischen Serb:innen regelmäßig heimliche Waffenlieferungen aus Serbien erhielten. Radovan Karadžić, der Leiter der SDS in Bosnien und Herzegowina, arbeitete eng mit Milošević zusammen. In Jugoslawien herrschte nun Krieg. Slowenien und Kroatien erklärten ihre Unabhängigkeit, woraufhin Milošević eine Kolonne aus Panzern der JNA (Jugoslawische Volksarmee) nach Slowenien schickte. Er wollte am Beispiel Sloweniens den anderen Republiken Angst machen, doch Sloweniens gut organisierter Widerstand zwang Milošević und die JNA zum Rückzug. Der Krieg in Kroatien war schlimmer und deutete schon an, was auf Bosnien und Herzegowina wartete. Es kamen serbische Einheiten zum Einsatz, die in einem vom Innenminister in Belgrad eigens errichteten Militärlager ausgebildet wurden. Sie standen unter dem Befehl des von Interpol gesuchten Kriminellen Željko Ražnjatović, besser bekannt als „Arkan". Ähnliche Einheiten waren auch die selbsternannten „Tschetniks", die der serbische Extremist Vojislav Šešelj organisiert hatte. Er hielt die bosnischen Muslim:innen für „islamisierte Serb:innen" und die „sogenannten Kroat:innen" für „Serb:innen katholischen Glaubens" und rief zu deren Vertreibung auf. Nach solchen Aussagen wurde die Möglichkeit einer politischen Lösung der Krise in Bosnien und Herzegowina immer mehr zur Unmöglichkeit. Im Herbst 1991 unternahm die SDS ihren nächsten Schritt. Die „Serbischen Autonomen Gebiete", vier an der Zahl, baten die JNA um „Schutz". Für die bosnische Regierung wurde die Situation immer unerträglicher. Die von Karadžić und seiner Partei unternommenen Schritte (die „Autonomen Gebiete", die Bewaffnung der serbischen Bevölkerung, die kleinen lokalen Vorfälle, die Propaganda, das Ersuchen um „Schutz") waren die gleichen, die zuvor auch in Kroatien eingeleitet worden waren. Neutrale Beobachter:innen konnten ein klares Muster erkennen. Im September stoppten die Vereinten Nationen mit einem Embargo die Waffeneinfuhr ins gesamte jugoslawische Territorium. Das beeinflusste die Aufrüstung der JNA, die über große Waffenreserven und eine entwickelte Militärindustrie verfügte, kaum. Für alle anderen hatte dies jedoch verheerende Folgen. Als Kroatien und Slowenien international anerkannt wurden, nahm der Krieg in Kroatien ein Ende. Nun war Bosnien und Herzegowina an der Reihe. „Sind Sie für ein souveränes und unabhängiges Bosnien und Herzegowina, einen Staat gleichberechtigter Staatsbürger und Völker, der Muslime, Serben, Kroaten und aller anderen, die darin leben?“ Das stand am Stimmzettel für das Referendum über die Unabhängigkeit Bosnien und Herzegowinas, und die Antwort war fast einstimmig: Es war ein „Ja“. Nach der Veröffentlichung der Referendumsergebnisse errichteten die serbischen Einheiten Barrikaden auf den Straßen und verteilten Scharfschütz:innen auf die Dächer von Sarajevo. Es schien, als hätte das Militär in Bosnien und Herzegowina die Macht ergriffen, doch tausende Sarajevoer:innen gingen demonstrierend auf die Straßen und verhinderten so den Putsch. Leider aber nicht den darauffolgenden illegalen Aggressionskrieg. Die Mehrheit der Bosnier:innen hatte für ein demokratisches und unabhängiges Bosnien und Herzegowina gestimmt, einen Staat gleichberechtigter Bürger:innen. Die bosnisch-herzegowinische Regierung hatte gegenüber keinem der Völker in Bosnien und Herzegowina je diskriminierende Gesetze verabschiedet. Trotzdem sprachen die bosnisch-serbischen und serbischen Politiker:innen weiterhin so lange von einer „Verteidigung der Rechte“ der bosnischen Serb:innen, bis viele davon diese vermeintliche Bedrohung nicht einmal mehr in Frage stellten. Der illegale Aggressionskrieg konnte beginnen (vgl. Malcolm 1994: 368ff.).

Am 6. April 1992 erkannte die Europäische Gemeinschaft Bosnien und Herzegowina als unabhängigen Staat an. Zu diesem Zeitpunkt war es schon an mehreren Orten zu Waffengewalt gekommen. Bei Friedensprotesten schossen serbische Paramilitärs auf die Demonstrierenden, in mehreren bosnischen Städten gab es Bombenangriffe und die bewaffneten Paramilitärs schikanierten und verfolgten die muslimische Bevölkerung. Am 4. April wurde von der Unterbrechung der Strom- und Wasserversorgung der Hauptstadt Sarajevo und von Toten auf den Straßen berichtet. Schätzungen zufolge waren es fast hundert Muslim:innen, die getötet wurden. In den nächsten Tagen erfuhren weitere ostbosnische (und somit an Serbien angrenzende) Städte mit hoher muslimischer Bevölkerungszahl das gleiche Schicksal. Es folgten Artillerie-Angriffe, die unter anderem von JNA-Einheiten durchgeführt wurden. Nachdem die Städte sich ergeben hatten, terrorisierten die Paramilitärs die überlebende Bevölkerung. 95 Prozent der Muslim:innen aus Zvornik, Višegrad und Foča flüchteten aus ihren Heimen. Gleichzeitig arbeitete die serbisch-nationalistische Propaganda fleißig daran, die ansässigen Serb:innen davon zu überzeugen, sich gegen ihre muslimischen Nachbar:innen „wehren“ zu müssen. Es war offensichtlich, dass die JNA schon lange mit den Paramilitärs unter einer Decke steckte. Gemeinsam nahmen diese Truppen bereits in den ersten Wochen mehr als 60 Prozent des Staatsgebiets von Bosnien und Herzegowina ein. Es herrschte eine Invasion auf Bosnien und Herzegowina, die in Serbien geplant und von dort aus geleitet wurde. Trotzdem sprachen westliche Politiker:innen von einem „Bürgerkrieg“. Europa und die USA mischten sich vorerst nicht weiter ein – das Embargo blieb aber nach wie vor aufrecht. Es waren um die 1500 bewaffnete Widerstandskämpfer:innen, die zu den ersten Verteidiger:innen Bosnien und Herzegowinas zählten. Später schlossen die Präsidenten Izetbegović (Bosnien und Herzegowina) und Tuđman (Kroatien) ein Militärbündnis, womit der Kroatischen Armee und der HVO (Kroatischer Verteidigungsrat, Armee der Kroat:innen in Bosnien und Herzegowina) die militärische Beteiligung in Bosnien und Herzegowina erlaubt wurde. Die kroatische Regierung verfolgte ihre eigenen Ziele: Wochenlang wurde dem bosnischen Präsidenten das Angebot vorgelegt, eine Konföderation zwischen Kroatien und Bosnien und Herzegowina auszurufen, welches dieser jedoch wiederholt ablehnte. Izetbegović setzte sich für ein pluralistisches Bosnien und Herzegowina ein. Er behielt in seiner Regierung stets sowohl serbische als auch kroatische und muslimische Vertreter:innen, so auch während des illegalen Aggressionskriegs die serbischen Minister:innen. Nach Erpressungsversuchen seitens der Parteiführung der kroatischen HDZ (Kroatische Demokratische Gemeinschaft) Mate Boban erwies sich auch das bosnisch-kroatische Bündnis als instabil. Boban rief die „Kroatische Gemeinschaft Herceg-Bosna“ aus, eine Art kroatisches autonomes Gebiet, in dem die kroatische Währung eingeführt und die kroatische Flagge gehisst wurde. Der kroatische Präsident Tuđman äußerte sich offiziell zwar weiterhin für ein einheitliches Bosnien-Herzegowina, war aber durchaus opportunistisch gestimmt (vgl. Malcolm 1994: 399ff.).

Wie bereits erwähnt waren die Reaktionen der internationalen Gemeinschaft auf diese höchst komplexe Situation im Allgemeinen entweder konfus oder negativ, oder meistens beides. Das Hauptproblem bestand darin, dass die westlichen Politiker:innen nur die Symptome des „Krieges“ mitverfolgten, anstatt die zugrundeliegenden Ursachen aufzudecken. Sie behandelten diesen

Krieg beharrlich als militärisches und nicht als politisches Problem. Daher auch der größte Beitrag des Westens zur Zerstörung Bosniens: die Ablehnung der Aufhebung des Waffenembargos gegen Bosnien und Herzegowina. Dieses Embargo galt ursprünglich gegen Jugoslawien, welches jedoch nicht mehr als einheitliches Staatsgebiet existierte. Obwohl die Vereinten Nationen Bosnien und Herzegowina anerkannt und sogar als Mitgliedsstaat aufgenommen hatten, blieb das Embargo weiterhin aufrecht, als hätte sich nichts verändert. Doch trotz des ungleichen Kräfteverhältnisses und der weitaus überlegeneren Ausrüstung der serbischen Einheiten mussten diese ab dem kroatisch-bosnischen Bündnis mit Rückschlägen rechnen. Im Sommer 1992 entdeckten Reporter:innen einige der Konzentrationslager in Nordbosnien. Zum ersten Mal sah die Weltbevölkerung einen kleinen Teil davon, was wirklich passierte. Dasselbe galt nicht für die Vereinten Nationen und die westlichen Regierungen, die schon Monate zuvor über Berichte darüber verfügten. In einigen dieser Lager wurde die muslimische Bevölkerung systematisch getötet. Muslimische Frauen und Mädchen wurden in eigens dafür vorgesehenen Gebäuden systematisch vergewaltigt. Nach wiederholter Unfähigkeit der EU, dem illegalen Aggressionskreig ein Ende zu setzen und diesen überhaupt zu verstehen, unterbreiteten die Verhandler der Europäischen Gemeinschaft und der Vereinten Nationen Lord Owen und Cyrus Vance einen ersten politischen Lösungsvorschlag. Dieser beinhaltete jedoch so viele Zusicherungen für die serbische Seite, dass die muslimische Seite dies als Belohnung für die Aggressor:innen sah, die daraus schlossen, dass sie noch mehr bekommen könnten, wenn sie wie gehabt weitermachten. Laut dem vorgelegten Plan sollte Bosnien und Herzegowina auf „autonome Provinzen" oder Kantone aufgeteilt werden, die auf der Landkarte mit ethnischen Markierungen versehen waren. Das Ergebnis war eine Verschärfung der Kämpfe um die Gebiete und ein neuer muslimisch-kroatischer Konflikt. Nach dem Waffenembargo war das der zweite große Beitrag des Westens zur Zerstörung Bosnien und Herzegowinas, da nun ein echter Bürgerkrieg ausgebrochen und das kroatisch-muslimische Bündnis zerbrochen war. Der Widerstand gegen die serbischen Aggressor:innen war nun fatal geschwächt. Der Vance-Owen-Plan geriet in Vergessenheit. Stattdessen wurden sogenannte „Schutzzonen" für die verbliebene muslimische Bevölkerung eingerichtet. Geschützt war in diesen Schutzzonen allerdings niemand. Sollten die serbischen

Einheiten die Muslim:innen angreifen, besaßen die UN-Streitkräfte keinerlei Rechte, mit Waffengewalt zu antworten. Zu dieser durften sie nur dann greifen, wenn es zu einem Angriff auf sie selbst, also die Soldat:innen der UN, kommen sollte (vgl. Malcolm 1994: 410ff.).

Ein neuer Plan wurde vorgelegt, entworfen von Lord Owen und dem ehemaligen norwegischen Außenminister Thorvald Stoltenberg. Laut diesem Plan würden die Serb:innen 53 Prozent des Staatsgebiets erhalten, die Muslim:innen 30 und die Kroat:innen 17 Prozent. Wieder wäre es eine Belohnung für die Aggressor:innen, weshalb diese solche Vorschläge überhaupt nicht mehr ernst nahmen und schon gar nicht als endgültig erachteten. Im Februar 1994 kam es jedoch zu zwei wichtigen Veränderungen: zu einer neuen, positiven NATO-Politik und zum Ende des kroatisch-muslimischen Krieges in Zentralbosnien. Es wurde eine muslimisch- beziehungsweise bosniakisch-kroatische Föderation gegründet und eine neue Verfassung im bosnisch-herzegowinischen Parlament ratifiziert. Die neue Föderation bestand aus Kantonen, die all jene Gebiete Bosnien und Herzegowinas umfassten, die vor dem Krieg mehrheitlich muslimisch oder kroatisch gewesen waren. Es wurde das Parlament der Föderation Bosnien und Herzegowina gebildet. Die Verfassung der Föderation ließ auch „Anderen" (also den Serb:innen) die Möglichkeit offen, sich später in die föderale Struktur einzugliedern. Im Mai 1994 wurde seitens einer Kontaktgruppe mit Vertretern aus Großbritannien, Frankreich, Deutschland, Russland und den USA ein neuer Friedensplan vorgeschlagen, der auf einer Teilung des Staates auf zwei annähernd gleiche Teile beruhte. 51 Prozent des Staatsgebiets würde der Föderation zuteilwerden, 49 Prozent den Aggressor:innen. Der Plan wurde von der serbischen Leitung abgelehnt, während die bosnische Regierung diesen, wenn auch ungern, akzeptierte. Als die Kontaktgruppe nachgab und dabei war, den Entwurf an die Forderungen der Aggressor:innen anzupassen, wurde abermals deutlich, dass ein Fortschritt nur auf dem Schlachtfeld und nicht am Verhandlungstisch erreicht werden konnte. Und dort wurde es immer blutiger. Der Genozid von Srebrenica am 11. Juli 1995 war das schrecklichste Ereignis in der Geschichte der UN-Mission in Bosnien. Während die niederländischen Blauhelme stumm zusahen, wurden in der „Schutzzone" der Vereinten Nationen die muslimischen Männer und Jungen von den Frauen und Mädchen getrennt. Die Frauen wurden mit den Kleinkindern, Alten und Schwachen vertrieben. Innerhalb weniger Tage wurden rund 8.000 bosniakische Jungen und Männer systematisch ermordet und in primäre, sekundäre und danach in weitere Massengräber verscharrt, um den Völkermord zu vertuschen. Es war das schlimmste Verbrechen in Europa seit dem Holocaust. Die serbische Strategie bestand nun darin, so schnell wie möglich alle verwundbarsten Sicherheitszonen einzunehmen. Währenddessen unterzeichneten die Präsidenten Bosnien und Herzegowinas und Kroatiens ein neues Militärbündnis. Es schien an der Zeit zu sein für eine neue diplomatische Initiative. Erstmals übernahmen die USA die Koordination. Schon bald stellten UN und NATO den General Mladić vor ein Ultimatum: entweder er zieht die Artillerie aus der Sperrzone um Sarajevo ab, oder er muss mit Konsequenzen rechnen. Er lehnte ab und es folgten heftige Luftangriffe auf serbische Militäreinrichtungen, bis er schließlich nachgab. Währenddessen machten die kroatisch-bosnischen Truppen dramatische Fortschritte. Eine absolute Kriegslösung war nun in Reichweite, doch die diplomatische Initiative unter der Leitung der USA hatte andere Pläne: das Wiederaufrollen des früheren Plans der Kontaktgruppe. Wieder wurde eine Teilung mit 51 Prozent für die Föderation und 49 Prozent für die Aggressor:innen vorgeschlagen. Nach dreiwöchigen Verhandlungen im amerikanischen Luftstützpunkt in Dayton, Ohio, nach ungewöhnlich intensiven Diskussionen, wurde am 21. November 1995 ein Allgemeines Abkommen angekündigt. Dieses Abkommen, welches später als Vertrag formuliert wurde, wurde am 14. Dezember in Paris von den Präsidenten Bosnien und Herzegowinas (Alija Izetbegović), Kroatiens (Franjo Tuđman) und Serbiens (Slobodan Milošević) unterzeichnet. Es enthält die Lösung der territorialen Frage (die 51:49-Teilung), eine neue Verfassung, verschiedene Mechanismen zum Schutz der Menschenrechte, zur Gewährleistung der Rückkehr der Vertriebenen und zur Erneuerung der Wirtschaft sowie einen Plan zur Aufteilung der internationalen Streitkräfte zur Bewachung der Beendigung der Feindschaft (vgl. Malcolm 1996: 427ff.).

Hiermit ist ein historischer Kontext für die Verfassung geboten, auf welche später näher eingegangen wird. Nun soll kurz das Daytoner Friedensabkommen vorgestellt werden, da die Verfassung als ein Teil des Ganzen nicht ohne diesen Rahmen untersucht werden kann.

2.3.2 Das Daytoner Friedensabkommen

Das Daytoner Friedensabkommen (offiziell das Allgemeine Rahmenabkommen für den Frieden in Bosnien und Herzegowina, engl. General Framework Agreement for Peace for Bosnia and Hercegovina – GFAP) ist das Schlüsseldokument der bosnischen Nachkriegsstaatlichkeit. Es besteht aus elf Artikeln, elf Annexen und etlichen Zusätzen. Das Abkommen ist mehr als 100 Seiten lang und enthält zudem mehrere Landkarten, auf welchen die Neugliederung des Landes veranschaulicht wird. Die Föderation, bestehend aus 10 Kantonen, macht 51% des Staatsgebiets aus, während die übrigen 49% der durch ethnische Säuberung gewaltsam geschaffenen Republika Srpska gehören. Die Unterzeichner verpflichten sich im Text des Rahmenabkommen unter anderem auch dazu, die Charta der Vereinten Nationen zu respektieren. Die wichtigsten Inhalte des Abkommens befinden sich in den erwähnten zwölf Annexen (vgl. Džihić 2009: 174). Das Dayton-Abkommen sollte die Trennung und Demilitarisierung der zwei Entitäten gewährleisten, für die Festnahme der Kriegsverbrecher:innen, die Rückkehr von Flüchtlingen und den Wiederaubau der Wirtschaft sorgen (vgl. Almond 2007: 450).

Da die Darstellung der Gesamtheit dieser Inhalte den Rahmen dieser Arbeit sprengen würde, aber dennoch ein Gesamtbild gezeichnet werden soll, wird in der Bibliographie auf den vollständigen Vertragstext verwiesen (vgl. OHR 1995). Der Annex 4 des Vertrages enthält die neue Verfassung Bosnien und Herzegowinas. Auf diese wird nach einem allgemeineren Kapitel zum Thema Verfassungsrecht näher eingegangen.

2.3.3 Verfassungsrecht

Die Verfassung gilt als der höchste Rechtsakt eines Staates und als grundlegender Rechtsrahmen einer Gemeinschaft. Der Mensch möchte durch diesen höchsten Rechtsakt grundlegende Werte normieren. Deshalb werden mit der Verfassung Prinzipien auferlegt, welche die Politik eines Staates steuern. Die Verfassung bestimmt die grundlegenden Ziele, Motive, Programme und Wertehaltungen eines Staates. Sie reguliert die administrativ-territoriale Teilung innerhalb des Staates, ist Grundlage für die Arbeit der Staatsorgane und definiert die grundlegenden Rechte und Freiheiten der Menschen im Staat (vgl. Ademović et al. 2012: 4).

Eine Gesellschaft ist laut Ademović et al. (2012) stets darum bemüht, bestimmte Wertehaltungen zu normieren. Die politische Gemeinschaft schützt diese Werte, die unabhängig von den dynamischen politischen Prozessen innerhalb des Staates konstant bleiben sollten, mit der Verfassung und möchte auf diese Weise deren Beständigkeit gewährleisten. Das Ziel der Verfassung ist es, den Staat zu organisieren und eine staatliche Infrastruktur anzubieten, im Rahmen welcher die politischen Prozesse stattfinden sollen. Eine Gesellschaft kommt nicht ohne eine staatliche Infrastruktur aus. Der Staat stellt Staatsorgane und Verfahren zur Verfügung, mittels welcher die Bürger:innen und Interessensgruppen ihren Willen artikulieren. Die Verfassung verleiht den Staatsorganen und Verfahren Rechtmäßigkeit. Daher ist die Verfassung ein System von Rechtsnormen, welches die relevanten Akteur:innen und die Regeln der politischen Prozesse reguliert. Die Verfassung hat außerdem die Funktion, Minderheitenschutz zu gewährleisten und sicherzustellen, dass im Bereich politscher Partizipation Chancengleichheit herrscht. Auch die Machtteilung und der Menschenrechtsschutz sind in der Verfassung verankert (vgl. Ademović et al. 2012: 5f.).

In demokratischen Gesellschaften tritt die Verfassung auf Grundlage eines bestimmten Rechtsakts der verfassungsgebenden Gewalt in Kraft, die den Willen des Volkes vertritt. Im Verfassungsrecht wird diese Gewalt auch *pouvoir constituant* genannt. In manchen, oft außerordentlichen Fällen, kommt es zu einer Verfassungsdiskontinuität, indem das Volk entschließt, im eigenen Staat neue rechtliche und politische Prinzipien festzulegen. Das Volk kann bei einem Verfassungsreferendum für oder gegen einen neuen Verfassungsentwurf abstimmen. Eine neue Verfassung bedeutet immer auch die Ungültigkeit der alten Verfassung. Dementsprechend ist die Schaffung einer neuen Verfassung immer ein Revolutionsakt und beruht als solcher auf keinem anderen Rechtsakt (vgl. Ademović et al. 2012: 9f.).

2.3.4 Die Verfassung von Bosnien und Herzegowina

In Bosnien und Herzegowina existieren die Verfassung von Bosnien und Herzegowina auf Staatsebene, die Verfassungen der beiden Entitäten sowie die Verfassungen der Kantone. In diesem Kapitel werden die Charakteristika und die Funktionalität der staatlichen Verfassung überblicksmäßig und im gesellschaftspolitischen Kontext diskutiert. Auf eventuelle Widersprüche zwischen den Entitäten-Verfassungen und der Verfassung der Republik Bosnien und Herzegowina wird nicht näher eingegangen.

Die Verfassung der Republik Bosnien und Herzegowina, der Annex 4 des oben diskutierten Rahmenabkommens für den Frieden in Bosnien und Herzegowina, wurde durch ebendieses internationale Abkommen auferlegt. Trnka (2009) spricht von einer oktroyierten Verfassung. Laut ihm muss eine Reflexion über diese Verfassung stets im Lichte des Kontexts, aus dem heraus sie entstanden ist, vorgenommen werden. Dieser Kontext besteht nicht nur aus der bereits erläuterten historischen Entwicklung, sondern auch aus den konkreten Beziehungen zwischen den politischen und militärischen Akteur:innen im Land, in der Region und in der gesamten internationalen Gemeinschaft. Unter den Bedingungen des globalen Zerfalls kommunistischer Regimes strebten die neu etablierten nationalistischen Bewegungen in Serbien und Kroatien eine staatliche Vereinigung von allen Zugehörigen der jeweils eigenen Nation an, während die internationale Gemeinschaft mit den Folgen des Zerfalls der Sowjetunion beschäftigt war und keine klare und konsistente Meinung zu den Ursachen der jugoslawischen Krise hatte. Dementsprechend waren auch die Eingriffe der internationalen Gemeinschaft unkoordiniert und beruhten eher auf den Zielen und Interessen der Großmächte als auf dem Ziel, die Krise tatsächlich zu bewältigen. Es gab weder ein klares Konzept noch eine Strategie. Folglich kam es anstatt zu einer Lösung zu einer Vertiefung der Krise. Alle Friedenspläne für Bosnien und Herzegowina basierten fast ausschließlich auf der *Konstitutivität der Völker*, wodurch die staatsbürgerliche Gleichheit und das demokratische Prinzip in den Hintergrund gedrängt wurden. So standen viele der institutionellen Lösungsvorschläge im Widerspruch zum vergleichenden Verfassungsrecht demokratischer Staaten (vgl. Trnka 2009: 46f.).

Die Verhandler:innen des Daytoner Abkommens verfolgten primär ihre strategischen, politischen, wirtschaftlichen, militärischen sowie andere Eigeninteressen. Trotzdem hatte das Friedensabkommen grundlegend zwei Ziele: eine Beendigung des Krieges und die langfristige Stabilisierung der Gesellschaft in Bosnien und Herzegowina sowie in der gesamten Region. Unter diesen Umständen wurde auch zu Kompromissen gegriffen, die weder demokratischen Standards noch den traditionellen Werten des bosnisch-herzegowinischen Staates entsprachen (vgl. Trnka 2009: 47f.). Laut Ademović et al. hat die Verfassung zum Ziel, ein Gleichgewicht zwischen der bürgerlichen und der ethnonationalen Staatsordnung zu schaffen (vgl. Ademović et al. 2012: 7).

Viele Regelungen sind Kompromisse, die die drei Volksgruppen auf einen „kleinsten gemeinsamen Nenner" bringen sollten, damit jedoch die Funktionsfähigkeit des Staates beeinträchtigen. Die Verhandlungen waren von divergierenden Interessen geprägt: Die Bosniak:innen strebten einen multiethnischen Zentralstaat an, während die Kroat:innen und Serb:innen mehr Autonomie für sich und somit einen schwachen Gesamtstaat wollten. So kam es zu einer in sich widersprüchlichen Verfassung, „[…] zu einem Umsetzungs- und Auslegungsprojekt mit ungewissem Ausgang und weniger zu einer klaren Wegvorgabe […]" (Steiner 2015: 54f.).

Entgegen allen Prinzipien des internationalen Rechts wurden in der Verfassung von Bosnien und Herzegowina die vom Aggressor mit Gewalt angeeigneten Gebiete als dessen rechtmäßige Gebiete anerkannt. Im Gegensatz zu den Verfassungen anderer demokratischer Staaten basiert die Verfassung von Bosnien und Herzegowina auf menschenrechtsverletzenden Kriegshandlungen wie Völkermord und ethnischer Säuberung. Dies spiegelt sich besonders in der starken Ethnisierung der Verfassung und in der Einengung der demokratischen Legitimität der staatlichen Institutionen wider. Die Legitimationsbasis des Verfassungssystems gestaltet sich in Bosnien und Herzegowina wesentlich anders als in anderen multinationalen demokratischen Staaten wie der Schweiz oder Belgien. In demokratischen Staaten gilt das Prinzip der Volkssouveränität, während gleichzeitig bestimmte nationale, sprachliche, religiöse und andere Kollektive unter Verfassungsschutz stehen können. Bosnien und Herzegowina ist diesbezüglich spezifisch, weil hier schon in der Präambel Folgendes geschrieben steht: „[…] Bosniacs, Croats, and Serbs, as constituent peoples (along with Others), and citizens of Bosnia and Herzegovina hereby determine that the Constitution of Bosnia and Herzegovina is as follows: […]" (OHR o.J.a). Die „konstitutiven Völker" sind hier ein Verfassungsrechtssatz und stehen an erster Stelle, während in der vorherigen Verfassung von Bosnien und Herzegowina der Begriff *konstitutives Volk* überhaupt nicht zum Einsatz kommt und an erster Stelle von gleichberechtigten Bürger:innen die Rede ist (vgl. Trnka 2009: 49).

Die Kategorie *konstitutives Volk* ist im Vergleichenden Verfassungsrecht unbekannt und es gibt nur vereinzelt wissenschaftliche Arbeiten zu diesem Phänomen. Im ehemaligen Jugoslawien wurde der Begriff zwar in der politischen Praxis sowie in der Literatur verwendet, nie jedoch in den Verfassungen. Die sogenannte „Konstitutivität der Völker" in Bosnien und Herzegowina wird in einem eigenen Kapitel näher erläutert (vgl. Trnka 2009: 50).

Die Verfassung bietet lediglich eine ungenau definierte und zudem dysfunktionale Machtverteilung auf allen Regierungsebenen, die angeblich die nationalen Interessen der konstitutiven Völker befriedigen soll. Sie ist in sich widersprüchlich: In ihr finden sich beispielsweise sowohl Anerkennung als auch Verletzung internationaler Menschenrechte. Auch die Volkssouveränität ist nicht gewährleistet und es herrscht Diskriminierung gegenüber Angehörigen der nicht konstitutiven Völker (vgl. Trnka 2009: 52f.).

Kritische Stimmen bestreiten jedoch nicht nur die Wirksamkeit, sondern auch die Geltung der Verfassung. Sie wird als undemokratisch, völkerrechtswidrig und praxisuntauglich eingestuft und soll „unter Verstoß gegen die RBiHV [erste Verfassung der Republik Bosnien und Herzegowina] zustande gekommen" (Steiner 2015: 57) sein (vgl. Steiner 2015: 57). Auch der Europäische Gerichtshof für Menschenrechte stellt im Urteil zum Rechtsfall Sejdić-Finci (mehr dazu im Kapitel *Die Konsitutivität der Völker*) die Verfassungslegitimität in Frage:

> Since it was part of a peace treaty, the Constitution was drafted and adopted without the application of procedures which could have provided democratic legitimacy. It constitutes the unique case of a constitution which was never officially published in the official languages of the

country concerned but was agreed and published in a foreign language, English. (EGMR 22.12.2009, 27996/06 34836/06)

Der Verfassungstext wurde zwar veröffentlicht, nie aber im Amtsblatt von Bosnien und Herzegowina. Nur der Zusatzartikel I wurde 2009 im Amtsblatt verkündet, und zwar in den Amtssprachen Bosnisch, Kroatisch und Serbisch. Dementsprechend wurde der offizielle Verfassungstext teilweise in Englisch und teilweise in den Landessprachen verfasst (vgl. Ademović et al. 2012: 14f.).

2.3.5 Verfassungsinterpretation

Jede Verfassung ist ein Rechtsakt und sollte als solcher für die Rechtssubjekte verständlich sein. Diese sollen die Folgen des eigenen Handelns abschätzen und die Pflichten, die sich aus dem Rechtsakt ergeben, erkennen können. Die Verfassung ist nicht nur *ein* Rechtsakt, sondern der höchste Rechtsakt und Rechtsrahmen eines Staates. Alle Rechtsnormen müssen mit der Verfassung und den Verfassungsstandards übereinstimmen. Logischerweise kann eine bestimmte Interpretation einer Verfassung weitreichende Folgen für die Interpretation und die Normierung anderer Gesetze oder gar des gesamten Rechtsbereichs haben. Dementsprechend stellt die Verfassungsinterpretation ein sehr wichtiges und komplexes Segment der Verfassungsrechtswissenschaft dar. Interpretation bedeutet Konkretisierung der Norm. Wenn also die Anwendung einer Norm einfach ist und bei der Anwendung keine Dilemmata bestehen, muss die Norm auch nicht interpretiert werden. Oft ist jedoch eine Interpretation notwendig. Ademović (2012) unterscheidet zwischen der sprachlichen, der historischen und der teleologischen Interpretation (vgl. Ademović et al. 2012: 24).

Die sprachliche Interpretation teilt er in drei Untergruppen: die lexikalische Interpretation (bei welcher jedes Wort einen bestimmten Sinn erhält), die grammatikalische Interpretation (bei der ganze Sätze auf Grundlage der Grammatik ihren Sinn erhalten) und die systematische Interpretation (bei der die Sinnerfassung auf Grundlage des breiteren Kontexts erfolgt). Die sprachliche Interpretation ist sehr wichtig, weil sie den ersten Schritt für das Verständnis einer bestimmten Verfassungsnorm darstellt, doch die heutige Verfassungsrechtswissenschaft zieht die sprachliche Interpretation nicht den anderen Interpretationsarten vor. Allerdings ist es logisch, dass eine bestimmte Norm vorerst sprachlich interpretiert wird und nur im Falle von Mehrdeutigkeiten auch die anderen Methoden herangezogen werden. So lässt sich auch die Entstehung von Fachsprachen erklären. Dabei ist es sehr gut, wenn ein bestimmter Rechtsakt Definitionen der verwendeten Rechtstermini enthält, um den Sinn bestimmter Wörter klar darzustellen (vgl. Ademović et al. 2012: 25). Vor allem bei der Verfassung von Bosnien und Herzegowina wäre das unbedingt notwendig gewesen, weil tatsächlich vollkommen neue Begriffe (wie zum Beispiel *constituent peoples*) zum Einsatz kamen.

Die historische Interpretation dient dazu, uns darüber aufzuklären, was die Absicht hinter einem bestimmten Rechtsakt war. Es muss immer analysiert werden, wer den Gesetzesentwurf vorgelegt hat und ob es Begleitmaterial gab. Die historische Interpretation erlaubt eine kritische Betrachtung der Ergebnisse der sprachlichen Interpretation. Diese Ergebnisse können mithilfe der historischen Interpretation sogar als falsch oder unpassend ausgeschlossen werden. Es kann auch passieren, dass sich aus der historischen Interpretation ergibt, dass die Sprache des analysierten Rechtsdokuments falsch ist, das heißt, dass das Dokument falsch verfasst wurde. An dieser Stelle stellt sich die Frage, welcher Methode Vorrang gegeben werden soll. Einerseits spiegelt in einem solchen Fall das Gesetz etwas wider, was die Gesetzgeber:innen nicht wollten, andererseits hat jeder Mensch das Recht, sich auf das Gesetz in der Form zu verlassen, in der es veröffentlicht wurde, und an dessen Richtigkeit zu glauben. Laut Ademović gab es keinen solchen Fall in Bezug auf die Verfassung von Bosnien und Herzegowina (vgl. Ademović et al. 2012: 25f.). Logisch schlussfolgernd könnte dies jedoch in Frage gestellt werden. Es wurde bereits ausreichend darüber berichtet, dass die Verfassung von Bosnien und Herzegowina den Dokumenten, zu deren Einhaltung sie sich verpflichtet, widerspricht. Sollten diese in der Verfassung erwähnten Dokumente denn nun nicht als Begleitmaterial eingestuft werden und darüber Aufschluss geben, wie auch die Verfassung zu verstehen ist? Die Aussagen der internationalen Gemeinschaft im Rahmen der EU-Beitrttsverhandlungen weisen ebenfalls alle darauf hin, dass die Verfassung geändert werden muss. Eine historische Interpretation der

Verfassung hat also tatsächlich gezeigt, dass die Verfassung und somit auch ihre *Sprache* geändert werden sollte.

Die dritte von Ademović beschriebene Interpretationsart ist die teleologische Interpretation. Bei dieser Interpretationsart handelt es sich um die Suche nach dem Sinn und Zweck einer bestimmten Norm, die in einem bestimmten historisch-politischen Kontext beschlossen wurde. Die teleologische Interpretation unterscheidet sich von der historischen insofern, dass sie nicht aufdecken soll, was die subjektive Absicht der Verfasser:innen eines Rechtsakts war, sondern was objektiv erreicht werden sollte. Die teleologische Interpretation kommt zum Einsatz, wenn die anderen Interpretationsmethoden keine passenden Ergebnisse liefern. Kritiker:innen der teleologischen Interpretation behaupten, dass diese arbiträr erfolgt und von dem abweicht, was die Gesetzgeber:innen festgelegt hatten (vgl. Ademović et al. 2012: 27).

Jedenfalls ist die Verfassung jener Punkt, aus welchem sich das gesamte Rechtssystem eines Staates entwickelt. Gleichzeitig ist die Verfassung auch der Rahmen, der diesem Rechtssystem vorgegeben ist. Dementsprechend muss das gesamte Rechtssystem mit der Verfassung übereinstimmen. Bevor ein Rechtsakt verabschiedet wird, muss sichergestellt werden, dass dieser nicht der Verfassung widerspricht (vgl. Ademović et al. 2012: 28f.).

Doch wie kann das festgestellt werden, wenn die Verfassung sich scheinbar selbst widerspricht?

2.3.6 Das politische System in Bosnien und Herzegowina

In Bosnien und Herzegowina bekannte sich die Bevölkerung immer schon zu verschiedenen Religionen, und immer schon lebten dort Menschen verschiedener ethnischer Gruppen und Nationen. Laut der Volkszählung von 1991 waren 43,67 % Muslim:innen (Bosniak:innen), 32,37 % Serb:innen, 17,32 % Kroat:innen und 7,63 % Zugehörige anderer Volksgruppen. Die Bevölkerung pflegte unterschiedliche Traditionen und es herrschte Toleranz. Die territoriale und politische Organisation des Staats beruhte nie auf nationalen und religiösen Kriterien, weil die nationale Vielfalt der Bevölkerung sich auf das gesamte Staatsgebiet erstreckt (vgl. Trnka 2009: 46). Dies änderte sich jedoch mit dem neuen politischen System, welches in der Verfassung erläutert wird und nun vorgestellt werden soll. Es ist eines der weltweit kompliziertesten Regierungssysteme. Zumindest eine ungefähre Kenntnis dessen ist für das Verständnis der später diskutierten Ansätze grundlegend.

Das politische System in Bosnien und Herzegowina stellt innerhalb Europas einen Sonderfall dar. Das Land ist kein klassischer Nationalstaat, vielmehr definiert es sich als Staat dreier Nationen, die auch als „konstitutive Völker" bezeichnet werden (vgl. Flessenkemper & Moll 2018: 1). Auf diesen Begriff wird wie bereits angekündigt später näher eingegangen.

Eine weitere Besonderheit ist, dass der Staat sowohl aus einer Republik als auch einer Föderation besteht – den zwei Entitäten. Hinzu kommt noch das Sonderverwaltungsgebiet Brčko Distrikt. Obwohl Bosnien und Herzegowina seit 1992 souveränes Mitglied der Vereinten Nationen ist, hat die internationale Staatengemeinschaft dennoch direkte Einwirkungsrechte. Vom Sicherheitsrat der Vereinten Nationen beauftragte Truppen sind weiterhin im Land stationiert und sollen die Einhaltung des Dayton-Abkommens unterstützen, welches bis heute entscheidend das politische System bestimmt, obwohl es ursprünglich als temporärer Friedensvertrag und nicht als dauerhaft geltendes, staatsstiftendes Dokument gedacht war (vgl. Flessenkemper & Moll 2018: 1). Die Körperschaften des bosnisch-herzegowinischen Staates operieren auf mehreren Ebenen, die der Youtube-User Buckurish (2016) in einem Video strukturiert und verständlich dargestellt hat:

Auf Staatsebene

Ein dreiköpfiges Staatspräsidium mit jeweils einem bosniakischen, einem kroatischen und einem serbischen Mitglied und wechselndem Vorsitz (jeweils eines der Mitglieder für 8 Monate) bildet gemeinsam mit dem Ministerrat, bestehend aus einem/einer Vorsitzenden und 9 Minister:innen, die Exekutive. In den Ministerien, im Ministerrat (sowie auch in anderen Institutionen und bei diplomatischen Vertretungen) sind alle Posten nach dem ethnischen Schlüssel besetzt. Die Legislative wird von der gesamtstaatlichen Parlamentarischen Versammlung gebildet, die jedoch nur sehr eingeschränkt agieren kann. Sie besteht aus zwei Kammern, genannt „Häusern": dem Repräsentant:innenhaus und dem Haus der Völker. Das Haus der Völker ist strikt nach dem ethnischen Schlüssel besetzt. Das Repräsentant:innenhaus besteht aus 42 Mitgliedern und ist nur dann beschlussfähig, wenn die absolute Mehrheit der Mitglieder anwesend ist. Auch hier gibt es einen ethnisch kodierten Dreiervorsitz mit jeweils einem/einer rotierenden Vorsitzenden und zwei Stellvertreter:innen. Im Haus der Völker sitzen 15 Delegierte, ebenfalls mit einem/einer Vorsitzenden und zwei Stellvertreter:innen. Für die Erreichung des Quorums sind 9 Stimmen notwendig, dies gilt aber nur dann, wenn die Anwesenheit von mindestens drei Personen pro Volksgruppe erfüllt ist (vgl. Džihić 2018: 96). Die Judikative setzt sich aus dem Verfassungsgerichtshof und dem Staatsgerichtshof zusammen. Neben diesen drei Gewalten muss an dieser Stelle außerdem das Büro des Hohen Repräsentanten (OHR) genannt werden, der dafür verantwortlich ist, die Durchführung der zivilen Aspekte des Abkommens für den Frieden in Bosnien und Herzegowina zu überwachen.

Auf Entitätenebene

Die Exekutive der **Föderation von Bosnien und Herzegowina** (FBiH) besteht aus einem Präsidenten/einer Präsidentin und der Regierung der FBiH. Der/Die Präsident:in hat 2 Stellvertreter:innen und die Regierung besteht aus einem/einer Premierminister:in + den Minister:innen. Die Legislative der FBiH besteht aus dem Parlament der FBiH: Repräsentant:innenhaus des Parlaments der FBiH + Haus der Völker des Parlaments der FBiH. Dieses Parlament sowie die beiden Häuser sind nicht mit dem gesamtstaatlichen Parlament und dessen beiden Kammern zu verwechseln.

Die Exekutive der **Republika Srpska** (RS) besteht aus einem Präsidenten/einer Präsidentin und der Regierung der RS. Der/Die PräsidentIn hat 2 Stellvertreter:innen und einen Senat. Die Regierung der RS besteht aus einem Ministerpräsidenten/einer Ministerpräsidentin + den Minister:nnen. Die Legislative der RS vollziehen die Nationalversammlung und der Rat der Völker.

Die Exekutive im **Brčko Distrikt** besteht aus der Regierung des Brčko Distrikt: Bürgermeister:in, Stellverterter:in, Regierungshauptkoordinator:in + Abteilungsleiter:innen. Die Legislative im Brčko Distrikt besteht aus der Versammlung des Brčko Distrikt mit 1 Präsident:in und 1 Stellverterter:in + den Vertreter:innen.

Außerdem verfügen beide Entitäten sowie das Distrikt über ihre eigenen Gerichte.

Auf Kantonebene

Die FBiH ist auf 10 Kantone aufgeteilt, von welchen jeder eine eigene Regierung und eine eigene Kantonsversammlung hat.

In den nächsten Kapiteln sollen nun zwei Politiken diskutiert werden, die den hier dargelegten Kontext für eine fundierte Diskussion über die Übersetzungen der Verfassung vervollständigen: die Ethnopolitik und die Sprachenpolitik von bzw. in Bosnien und Herzegowina.

2.3.7 Ethnopolitik

Weil Bosnien und Herzegowina eine Gesellschaft war, die eine demokratische Öffnung wollte und in der zugleich auch eine politische Organisation der verschiedenen in dieser Gesellschaft lebenden Ethnien vonstatten ging, kann im Kontext dieses Staates sehr gut die Beziehung zwischen dem Ethnos und der Demokratie erforscht werden (vgl. Haverić 2006: 28). Diese Thematik ist in dem hier diskutierten Kontext zwar höchst interessant, weil der Staat in der Verfassung als „demokratischer Staat" bezeichnet wird und gleichzeitig das Ethnos im Verfassungstext eine wichtige Rolle spielt, eine intensivere Auseinandersetzung mit diesem Thema würde die Forschung jedoch eindeutig in die Politikwissenschaft verlagern. Da dies eine translationswissenschaftliche Spurensuche bleiben soll, die nur die notwendigsten Exkurse in andere Disziplinen vornimmt, wird eine intensivere Beschäftigung mit dem Begriff der *Ethnopolitik* ausbleiben.

Allgemein und ohne weiter in die Tiefe zu gehen kann dazu Folgendes gesagt werden: Die Verfassung sieht klar bestimmte ethnische Zugehörigkeiten als Voraussetzung für politische Rechte vor. Haverić (2006) geht sogar so weit zu sagen, dass die Forderung nach Demokratie nur Teil der neuen postkommunistischen Rhetorik der lokalen Akteur:innen war, die unter dem Deckmantel der Demokratie eigentlich ethnokratische Projekte verwirklichen wollten (vgl. Haverić 2006: 28–31).

2.3.8 Sprachenpolitik

Alle drei sogenannten konstitutiven Völker Bosnien und Herzegowinas (Bosniak:nnen, Kroat:innen und Serb:innen) sprechen linguistisch gesehen Štokavisch. In Zeiten der SFRJ wurde die Muttersprache von 99% der Bosnier:innen und Herzegowiner:innen als eine gemeinsame Sprache gesehen, auch bekannt als „Serbokroatisch". Bosnien und Herzegowina war die einzige jugoslawische Republik, in der keine Nation oder Nationalität die absolute Bevölkerungsmehrheit bildete. Das Land war jahrhundertelang sprachlich homogen, religiös jedoch sehr heterogen. Der illegale Aggressionskrieg der 90er Jahre zerstörte dieses homogene Sprachgebilde und es entstanden drei Amtssprachen: Bosnisch, Kroatisch und Serbisch. Neben politischen, sozialen und ökonomischen Schwierigkeiten war auch die Sprachenfrage ein Problem der Nachkriegszeit (vgl. Innerhofer 2008: 306f.).

Die Sprachendebatte bahnte sich jedoch schon vor dem Krieg an. Im Jahr 1991 wurde in der bosnischen Presse die Rückkehr der Benennung „Bosnisch" gefordert und in der darauffolgenden Volkszählung gaben 37,51 % der bosnisch-herzegowinischen Bevölkerung Bosnisch als ihre Muttersprache an. „Bosnisch" wurde vor allem von den Bosniak:innen gewählt, während sich die bosnischen Kroat:innen mehrheitlich für „Kroatisch" und die bosnischen Serb:innen mehrheitlich für „Serbisch" entschieden. Obwohl die Glaubwürdigkeit dieser Volkszählung aufgrund mehrerer Faktoren bezweifelt wurde, deuteten ihre Ergebnisse dennoch auf einen Zerfall der Sprachgemeinschaft hin. Auf einer von der serbischen Partei DS („Demokratska Stranka") organisierten Konferenz in Sarajevo wurde dieser Zerfall ebenfalls sichtbar, als der Leiter der Delegation der HDZ (Kroatische Demokratische Gemeinschaft) eine Simultandolmetschung ins Kroatische verlangte, gefolgt von einem bosnischen Delegierten, der eine bosnische Dolmetschung forderte. Die Konferenz wurde hiermit ad absurdum geführt. Es gibt tatsächlich verschieden bedingte sprachliche Unterschiede in Bosnien und Herzegowina, Kroatien, Serbien und Montenegro. Diese waren früher jedoch mehr geographisch beeinflusst. Erst nach dem Krieg erhielt jede Sprachvariante eine ethnische Etikette. Vor dem Zerfall der SFRJ war der Gesamtwortschatz laut dem bosnischen Linguisten Senahid Halilović zu mehr als 90 % neutral und wurde keiner bestimmten Nation oder

Republik zugeschrieben. Nachdem weder Kroatien noch Serbien mehr von „Serbokroatisch“ oder „Kroatoserbisch“ sprachen, sondern nur mehr noch von „Kroatisch“ und „Serbisch“ (mit wachsenden Unterschieden zwischen diesen beiden Standards), musste auch Bosnisch zu einer spezifischen Einheit werden (vgl. Innerhofer 2008: 307ff.).

In der ersten Version der Verfassung der Republik Bosnien und Herzegowina von 1993 wurde noch „die serbokroatische bzw. kroatoserbische Sprache“ (vgl. Ustav Republike Bosne i Hercegovine) als Amtssprache genannt, was jedoch kurz darauf in einem Gesetz in Bosnisch, Kroatisch und Serbisch geändert wurde. Die Sprache, die in Bosnien und Herzegowina während des Krieges im Amtsgebrauch war, wurde weiterhin als eine Sprache gesehen, allerdings hatte sie nun drei Namen. Sowohl die lateinische als auch die kyrillische Schrift galten als gleichberechtigt. Es war ein tolerantes Gesetz, aber die Sprachpolitik war dennoch nicht zentral. Australien erkannte als erster Staat weltweit Bosnisch als offizielle Sprache Bosnien und Herzegowinas an und im Abkommen von Dayton wurde die bosnische Sprache schließlich international als eine der drei Amstssprachen Bosnien und Herzegowinas anerkannt. Innerhofer (2008) berichtet, dass die drei Verhandlungsparteien bei den Friedensgesprächen in Dayton absurderweise Dolmetscher:innen verlangten. In der englischen „konsolidierten Übersetzung“ der Verfassung der muslimisch-kroatischen Föderation von 1994 wurde die bosnische Sprache plötzlich als „Bosniac language“ (OHR 1994) bezeichnet und die serbische Sprache war keine offizielle Sprache der Föderation. Genausowenig waren Bosnisch und Kroatisch offizielle Sprachen der RS. 2002 wurden die Verfassungen beider Entitäten zwecks Gleichberechtigung der drei „konstitutiven Völker“ geändert. Nach der Gesetzesänderung hieß es in der Verfassung der Föderation dann „Bosnian language“ (OHR 2002). Die RS wechselte noch 1993 zur ekavischen Aussprache und laut Gesetz mussten alle Medien auf Serbisch mit ekavischer Aussprache und in Kyrillisch berichten, während das Gesetz selbst ironischerweise nicht rein ekavisch war. Einige Mitglieder der Serbischen Akademie der Wissenschaften sahen diese neue Sprachpolitik als Mittel zur Vereinigung aller Serb:innen, die Mehrheit der serbischen Sprachwissenschaftler:innen wollte jedoch das heimische Jekavisch beibehalten. Erst nach dem Krieg, 1998, kehrte Jekavisch in die RS zurück und setzte zumindest der vollkommenen sprachlichen Entfremdung der bosnischen Serb:innen von der muslimischen und kroatischen Bevölkerung ein Ende. Auch die Verfassung der RS wurde in Bezug auf die darin erwähnten Amtssprachen 2002 geändert, allerdings weigerte sich die politische Führung, Bosnisch beim Namen zu nennen, und so wurden die Sprachen umschrieben als „die Sprache des serbischen Volkes, die Sprache des bosniakischen Volkes und die Sprache des kroatischen Volkes“ (vgl. Ustav Republike Srpske). Im Brčko-Distrikt sind laut Statut alle drei Sprachen sowie beide Schriften gleichberechtigt (vgl. Innerhofer 2008: 310ff.).

Vor dem Krieg konnte man in der Hauptstadt Sarajevo anhand der Sprache nicht beurteilen, welcher Ethnie oder Nationalität die Sprecher:innen angehörten, nach dem Krieg kann man das genauso wenig. Die Akzente lassen eher auf die lokale Herkunft der Bewohner:innen schließen als auf deren ethnische Zugehörigkeit. Doch wie können Bosnisch, Kroatisch, Serbisch und Montenegrinisch verschiedene Sprachen sein, wenn deren Sprecher:innen einander einwandfrei verstehen und viele diese gemeinsame Sprache immer noch als „naš“, zu Deutsch „unsere (Sprache)“ bezeichnen? Diese Frage hat Innerhofer (2008) treffend beantwortet:

> Die Problematik um die Sprachbezeichnung in Bosnien-Herzegowina, aber auch in Serbien, Kroatien und Montenegro muss folglich auf zwei Ebenen betrachtet werden: auf der sprachwissenschaftlich-kommunikativen und auf der politisch-symbolischen. Auf der kommunikativen Ebene hat sich die serbokroatische Sprache nicht in mehrere Sprachen aufgespalten, was die Leichtigkeit der Kommunikation zwischen den Sprechern in den verschiedenen Ländern belegt. Auf der politisch-symbolischen Ebene hat sich die serbokroatische Sprache unterdessen formal und juridisch in mehrere Sprachen aufgeteilt. (Innerhofer 2008: 316)

Noch zu Zeiten Jugoslawiens gab es Vorschläge, der gemeinsamen Sprache eine neutrale Bezeichnung zu verleihen wie zum Beispiel „Jugoslawisch“, was allerdings in Bezug auf die anderen südslawischen Sprachen problematisch wäre. Es gab auch andere Empfehlungen, die sich jedoch nie durchsetzten (vgl. Innerhofer 2008: 315f.).

Die Bezeichnung „Bosnisch“ ist territorial und umfasst eigentlich alle Ethnien (Bosniak:innen, Serb:innen, Kroat:innen u.a.), dennoch wird sie kontrovers diskutiert und von den meisten (aber keineswegs allen, wohlgemerkt) Serb:innen und Kroat:innen in Bosnien und Herzegowina abgelehnt und als Symbol der bosniakischen Identität gesehen. Die Mehrheit der bosnischen Serb:innen und Kroat:innen orientiert sich stattdessen an aus Serbien und Kroatien importierten Sprachnormen. Der Ausschuss für die Standardisierung der serbischen Sprache sieht in der Bezeichnung „Bosnisch“ eine Bedrohung. Eine tatsächliche Bedrohung wurde allerdings von der Philologischen Fakultät in Belgrad ausgesprochen, in der „Erklärung über die serbische Sprache“, in der es heißt, dass alle Sprecher:innen des Štokavischen Serb:innen seien. Aus Angst vor negativen Konsequenzen einer solchen Aussage wurde diese Erklärung vom Ausschuss für die Standardisierung der serbischen Sprache verurteilt. Serbische Linguist:innen und ihre Anhänger:innen weigern sich weiterhin, die bosnische Sprache bei ihrem Namen zu nennen und bezeichnen sie auf eigene Faust als „Bosniakisch“ (vgl. Innerhofer 2008: 317f.). Selbst an namhaften Universitäten abseits des Balkans ist dieser politisch motivierte Diskurs präsent, der offiziellen Bezeichnung zum Trotz.

Obwohl es nichtnationalistische Linguist:innen gibt, die eine bosnische Sprache für alle Bosnier:innen und Herzegowiner:innen schaffen wollen, setzt die Mehrheit jedoch die bosnische Sprache mit der bosniakischen Nation gleich. In der „Erklärung über die bosnische Sprache“ sprechen sich sechzig bosniakische Intellektuelle gegen die politische Manipulation der historischen Bezeichnung „Bosnisch“ aus. Nicht nur Bosniak:innen, sondern auch Kroat:innen und Serb:innen bezeichnen ihre eigene Sprache als Bosnisch, wie beispielsweise Željko Komšić, der amtierende kroatische Vertreter im bosnisch-herzegowinischen Staatspräsidium (vgl. Innerhofer 2008: 319f.).

Laut Vajzović (2005) hängt das Sprachverhalten der Bosnier:innen und Herzegowiner:innen von vier Kriterien ab: von der politisch-administrativen beziehungsweise soziokulturellen Region, von der Sicht auf die Sprache (wird die Sprache als national oder übernational erlebt), von der Generationszugehörigkeit und der damit einhergehenden zwischennationalen Erfahrung sowie vom Bildungsniveau. In der Praxis bestimmt in der bosnisch-herzegowinischen Gesellschaft die Bevölkerungsmehrheit die Sprache der Gebiete.

Nach dem Abkommen von Dayton herrschte sogar in den Schulen sprachliche Segregationspolitik: Es entstanden mehrere Unterrichtspläne und die Schüler:innen besuchten „national“ gefärbte Klassen und Schulen. Auf Drängen der internationalen Gemeinschaft, diese Segregation zu stoppen, kam als Antwort, dass wegen den drei Sprachen ein gemeinsamer Unterricht unmöglich sei. Seit 2003 gibt es zwar das „Abkommen über einen gemeinsamen Kern der Unterrichstpläne und -programme“, sprachliche Freiheit ist jedoch noch immer nicht gegeben, vor allem für die Kinder von zurückgekehrten Flüchtlingen, die sich oft assimilieren müssen. Im Distrikt Brčko herrscht ein eigenes Bildungsmodell. An der Universität Sarajevo tragen Studienrichtungen Namen wie „Bosnische, kroatische, serbische Sprache“ oder „Literatur der Völker Bosnien-Herzegowinas“. Die Studierenden müssen sich dann für eine Sprachvariante entscheiden (vgl. Innerhofer 2008: 320f.). Auch im Ausland ist oft von einer Sprache die Rede, die sich aus mehreren Varianten zusammensetzt (im deutschen Sprachraum „B/K/S“).

Dokumente und Gesetze internationaler Organisationen werden stets in drei Versionen veröffentlicht, die sich häufig nur durch einzelne national gefärbte Wörter unterscheiden und keine wirklichen Übersetzungen aus den Originalsprachen, sondern künstlich geschaffene Adaptierungen einer Übersetzung (also einer ersten Version) sind (vgl. Innerhofer 2008: 321). Genauso existieren drei Übersetzungen der Verfassung. Über die Erkenntnisse zu diesen Übersetzungen soll im nächsten Kapitel berichtet werden.

2.4 Die Übersetzungen

Das Allgemeine Rahmenabkommen für den Frieden in Bosnien und Herzegowina wurde am 21. November 1995 in englischer Sprache paraphiert und am 14. Dezember 1995 in Paris unterzeichnet. Während der Unterzeichnung in Paris schlossen die Vertreter der Vertragsparteien ein weiteres Abkommen, in dem sie sich dazu verpflichteten, in Zusammenarbeit mit dem französischen Außenministerium authentische Übersetzungen des Allgemeinen Rahmenabkommens einschließlich der 11 Annexe ins Bosnische, Kroatische und Serbische anzufertigen. Trnka (2009) berichtet, dass Expert:innenkreise mit der Übersetzungsarbeit begannen, doch schon zu Beginn sollen wesentliche Unterschiede in der Interpretation des Originaltexts aufgekommen sein, was die Fortsetzung der gemeinsamen Arbeit verunmöglichte. Verfahrensgemäß hätte das französische Außenministerium für die Authentifizierung der eingereichten Übersetzungen sorgen sollen, doch laut Angaben des OHR schafften es nur zwei Übersetzungen zu dieser Instanz. Die folgende Aussage stammt aus dem Schriftverkehr mit der Rechtsabteilung des OHR:

> *There is no officially recognized translation of the Annexes to the GFAP into Serbian, Croatian or Bosnian languages. Under a separate Agreement signed by the parties in Paris in December 1995, translations should have been undertaken immediately upon the agreement being signed by the Parties themselves and sent to the French Foreign Ministry (the agreement was signed in Paris) for confirmation. Although, the Republic of Croatia and FRY have submitted versions in Serbian and Croatian languages, BiH has never provided the version in its language as required under the Agreement.*

Wer an der Erstellung dieser dem französischen Außenministerium eingereichten Übersetzungen beteiligt war und ob auch die Verhandler:innen bzw. Vertragsschließenden zu Rate gezogen wurden, bleibt unbekannt. Das OHR veröffentlichte 1996 schließlich drei inoffizielle Übersetzungen in die drei Amtssprachen. Laut Trnka (2009) können bei genauerer Einsicht in die übersetzten Texte unter anderem auch bestimmte Unterschiede von materiell-rechtlicher Bedeutung wahrgenommen werden (vgl. Trnka 2009: 46). Obwohl es also Bestrebungen gab, offizielle Übersetzungen anzufertigen, existieren bis zum heutigen Tag keine autorisierten Übersetzungen. Die staatlichen Institutionen wenden verschiedene inoffizielle Versionen des Verfassungstexts an. Sogar der Verfassungsgerichtshof zieht in seiner Arbeit die inoffizielle OHR-Übersetzung heran (vgl. Ademović et al. 2012: 14f.).

Während der Recherche kam die Frage auf, wie in Bosnien und Herzegowina mit der Übersetzung anderer wichtiger fremdsprachiger Dokumente umgegangen wird. Ein Beispiel hierfür ist die Übersetzung des *acquis communautaire*, des Besitzstands der EU. Dieser umfasst Rechte und Pflichten, die für alle EU-Mitgliedsstaaten verbindlich sind. Um der EU beitreten zu können, müssen Beitrittskandidaten den Besitzstand akzeptieren und in ihre eigenen Rechtsordnungen aufnehmen. Bosnien und Herzegowina ist aktuell offizieller EU-Beitrittskandidat. Mit der Übersetzung des Besitzstands beschäftigt sich laut eigenen Angaben zurzeit die Direktion für europäische Integration in Bosnien und Herzegowina. Auf der Webseite der Direktion befinden sich unter der Rubrik „Übersetzung der Rechtsvorschriften" bereits ein *Terminologisches Wörterbuch der europäischen Integration*, ein *Glossar des Stabilisierungs- und Assoziierungsabkommens*, zwei *Übersetzungshandbücher* sowie ein Link zur mehrsprachigen Terminologiedatenbank *BiHterm*, in der laufend die erarbeitete Terminologie gesammelt wird. (DEI 2020) Die Direktion hat laut eigenen Angaben nichts mit der Übersetzung der Verfassung zu tun.

Der erste Schritt für den empirischen Teil dieser Arbeit war eine gründliche Recherche, um eine möglichst vollständige Liste aller existierender Verfassungsübersetzungen zu erstellen. Die Suche ergab folgende Treffer:

- jeweils eine Übersetzung ins Bosnische, Kroatische und Serbische auf der offiziellen Webseite des Außenministeriums von Bosnien und Herzegowina (Ministarstvo vanjskih poslova Bosne i Hercegovine o.J.)
- jeweils eine Übersetzung ins Bosnische, Kroatische und Serbische auf der offiziellen Webseite der Parlamentarischen Versammlung von Bosnien und Herzegowina (Parlamentarna skupština Bosne i Hercegovine o.J.a, o.J.b, o.J.c)
- jeweils eine Übersetzung ins Bosnische, Kroatische und Serbische auf der offiziellen Webseite des Verfassungsgerichts von Bosnien und Herzegowina (Ustavni sud Bosne i Hercegovine o.J.a, o.J.b, o.J.c)
- eine Übersetzung ins Bosnische im *Translation Register of BiH Legislation* auf der offiziellen Webseite der Direktion für europäische Integration in Bosnien und Herzegowina (DEI o.J.)
- jeweils eine Übersetzung ins Bosnische und Kroatische auf der Online-Plattform *Legislationline*, die vom ODIHR (Office for Democratic Institutions and Human Rights) der OSZE betreiben wird (Legislationline o.J.a, o.J.b)

- eine Übersetzung ins Bosnische in der Rechtsdatenbank *Paragraf Lex* (Paragraf o.J.)
- eine Übersetzung ins Bosnische auf der Webseite der Stiftung *Kompetenzzentrum für Öffentliches Recht* (CJP o.J.)
- jeweils eine Übersetzung ins Bosnische, Kroatische und Serbische auf der offiziellen Webseite der Regierung des Kantons Tuzla, wobei Teile der bosnischen Version auf kroatisch verfasst sind (Vlada Tuzlanskog kantona o.J.)

Unter all diesen Versionen lässt sich je eine dominante Version pro Sprache feststellen: Es sind jene 1996 vom Hohen Repräsentanten Carl Bildt in Auftrag gegebenen Übersetzungen. Diese befinden sich sowohl auf der Plattform *Legislationline*, der Webseite der Direktion für europäische Integration in Bosnien und Herzegowina, der Webseite der Stiftung *Kompetenzzentrum für Öffentliches Recht*, der offiziellen Webseite des Verfassungsgerichts von Bosnien und Herzegowina sowie auf der offiziellen Webseite der Parlamentarischen Versammlung von Bosnien und Herzegowina. Auf der Webseite der Parlamentarischen Versammlung wird die Quelle der Übersetzung nicht angegeben. Über den Ursprung der anderen oben angeführten Übersetzungen, die (mit Ausnahme der Übersetzung auf der Seite des Verfassungsgerichtshofs) außerdem auch nicht als Übersetzungen ausgewiesen sind, ist nichts bekannt. Äußerst verwunderlich ist, dass die OHR-Übersetzungen auf der offiziellen Webseite des OHR allerdings nicht zu finden sind. Wenn man bei der Sprachenauswahl Bosnisch, Kroatisch oder Serbisch auswählt, wird mit dem Satz „Dieser Inhalt liegt nur in englischer Sprache vor." (Übersetzung der Verfasserin) auf das englische Original verwiesen. Dabei verpflichtet sich das OHR mit seinem *Legal Department* zu Folgendem:

> Due to the important role of constitutional and legal arguments in the political and economic life of Bosnia and Herzegovina, the Department also takes an active role in developing new solutions. To this effect, it works closely with domestic institutions at all levels of government, and oversees legal drafting process. The Department also supports other departments of the OHR in the implementation of reforms. (OHR o.J.b)

2.4.1 Analyse der Übersetzungen

Für die folgende Analyse wurden die OHR-Übersetzungen ins Bosnische, Kroatische und Serbische gewählt (fortan „die Übersetzungen"), weil diese erstens über eine Quellenangabe verfügen (und somit weitere Forschung ermöglichen) und zweitens den „Ersatz" für die ursprünglich geplanten aber nie fertiggestellten offiziellen Übersetzungen darstellen. Für die Analyse wurden folgende Kriterien aufgestellt:

1. Bedeutungsäquivalenz mit dem Originaltext
2. Fachsprachlichkeit, bestehend aus
   a. Fachterminologie
   b. fachsprachlichen Phraseologismen
   c. fachsprachlicher Syntax
3. Groß-/Kleinschreibung

Diese Kriterien wurden gewählt, weil sie nach der Auseinandersetzung mit der Literatur zur Übersetzungskritik als für den Verfassungstext am relevantesten eingestuft wurden. Stolze (1992) fasst die Problematik des Übersetzens von Rechtstexten wie folgt zusammen:

> Das Verstehen und Übersetzen juristischer Texte ist daher schwerpunktmäßig mit drei Problemkreisen konfrontiert: der Auslegung des individuellen Textsinns wie bei jedem Text [**Bedeutungsäquivalenz**], dem Umgang mit den Standardformeln [**fachsprachliche Phraseologie und Syntax**] und der Übersetzung der rechtsförmigen Begriffswörter [**Fachterminologie**]. (Stolze 1992: 177)

Es folgt eine komparative Analyse (ausgenommen beim Kriterium „Bedeutungsäquivalenz", das einen anderen Zugang erfordert) zwischen dem englischen Originaltext, der bosnischen Übersetzung, der kroatischen Übersetzung sowie der serbischen Übersetzung. Die bosnische und die kroatische Übersetzung sind in lateinischer Schrift verfasst, während die serbische Übersetzung in kyrillischer Schrift niedergeschrieben wurde. Der Einfachheit halber wird bei

Zitaten aus der serbischen Übersetzung jedoch nicht die kyrillische, sondern die lateinische Schrift verwendet werden.

Da es den Rahmen sprengen würde, alle 15 Seiten aller vier Textversionen miteinander zu vergleichen, werden die Präambel und der Artikel I repräsentativ für den ganzen Text einer gründlichen Analyse unterzogen, unter anderem auch weil dieser erste Teil die für die Beantwortung der Forschungsfragen relevantesten Aspekte enthält. Außerdem steht in Verfassungstexten das Wichtigste ohnehin immer am Anfang. Die Präambel sowie Artikel I aller drei OHR-Übersetzungen befinden sich im Anhang. Diese wurden dem vom OHR zugesandten „OHR Book" entnommen, in dem auch das anderorts erwähnte Vorwort vom ehemaligen Hohen Repräsentanten Carl Bildt enthalten ist.

1. Bedeutungsäquivalenz

Bedeutungsunterschiede lassen sich sowohl beim Vergleich der Übersetzungen untereinander als auch in allen Übersetzungen in Bezug auf den Originaltext erkennen. Ein Analyseversuch könnte wie folgt beginnen, ausgehend von dem zu übersetzenden Begriff „constituent peoples" im letzten Satz der Präambel:

> Bosniacs, Croats, and Serbs, as constituent peoples (along with Others), and citizens of Bosnia and Herzegovina hereby determine that the Constitution of Bosnia and Hercegovina is as follows: (OHR o.J.a)

In allen drei Amtssprachen wurde für diese Stelle die gleiche Übersetzung gewählt: „konstitutivni narodi" (vgl. Anhang 1, 2 & 3). In deutschen Texten werden diese drei Völker Bosnien und Herzegowinas als „konstitutive" bzw. „konstituierende Völker" bezeichnet. Dieses Konzept der „konstitutiven Völker" wird in einem eigenen Kapitel näher erläutert. Wenn man nun den Versuch unternimmt, auf sprachlicher Ebene einen Vergleich zwischen *constituent* und *konstitutivni* vorzunehmen, ist der erste logische Schritt, sich die Definitionen in renommierten Wörterbüchern anzusehen. Merriam-Webster stellt für *constituent* als Adjektiv zwei Definitionen bereit:

constituent adjective

Definition of *constituent* (Entry 2 of 2)

1 : serving to form, compose, or make up a unit or whole : COMPONENT
// *constituent* parts

2 : having the power to create a government or frame or amend a constitution
// a *constituent* assembly

Abb. 1: Definition von *constituent* (Merriam Webster o.J.)

In diesem Fall treffen sogar beide Definitionen zu: Bosniak:innen, Kroat:innen und Serb:innen sind sowohl *constituent parts* im Sinne der Definition 1, als auch *constituent* im Sinne der Definition 2, da sie (beziehungsweise je ein Vertreter der Bosniak:innen, Kroat:innen und Serb:innen) die Verfassung verabschiedeten. Nach Einsicht in die aktuellsten Wörterbücher der bosnischen, kroatischen und serbischen Sprache lässt sich als Äquivalent tatsächlich das Adjektiv *konstitutivan, -na, -no* festlegen, welches auch in den Übersetzungen gewählt wurde (vgl. Anić: 2003; Jahić: 2012a; Nikolić: 2011).

Vajzović (2010) weist in einem Artikel zur Soziolinguistik in Bezug auf die VBiH darauf hin, dass das Syntagma *konstitutivni narodi* rein sprachlich betrachtet unterschiedlich interpretiert werden kann (vgl. Vajzović 2010: 99). Der Diskurs, laut welchem das Konzept der „Konstitutivität der Völker" auf eine falsche Übersetzung des Wortes *constituent* zurückzuführen sei, wird in der später folgenden Diskursanalyse näher behandelt.

Obwohl die in diesem Kapitel eröffnete Diskussion zur Feststellung einer „Bedeutungsäquivalenz" fürs Erste logisch und schlüssig erscheint, muss sie an dieser Stelle abgebrochen werden, da sich die Frage stellt, wer überhaupt dazu berechtigt ist, eine solche Äquivalenz abzusegnen? So genau eine komparative Analyse einzelner Begriffe und ihrer Einbettung in den Text auch sein mag, sie ist und bleibt *eine* Meinung von *einem/einer* Übersetzungskritiker:in. Um das Kriterium der Bedeutungsäquivalenz fachgerecht zu behandeln, sollen hier einige wichtige Erkenntnisse aus der Translationstheorie vorgestellt werden. Laut Hermans (2007) kann Äquivalenz, die er als Bedeutungsäquivalenz, genauer als „meaning equality in value and status" (Hermans 2007: 6) interpretiert, *nicht* anhand eines Textvergleichs festgestellt werden. Äquivalenz kommt nicht aus dem Inneren einer Übersetzung, sondern wird von außen an sie herangetragen. Das bedeutet, dass Äquivalenz stets in einem bestimmten institutionellen Kontext ausgerufen wird. Eine Übersetzung, die den Status eines zum Originaltext äquivalenten Textes erhält, gilt ab diesem Zeitpunkt als *richtig* und sogar als *einzig richtig*. Bedeutungsunterschiede werden dabei nicht ausgeschlossen. Wenn die Äquivalenz einer Übersetzung ausgerufen wird, handelt es sich im Grunde nicht mehr um eine Übersetzung. Diese äquivalente Übersetzung teilt nun die Funktion des Originals. Es entstehen zwei voll und ganz übereinstimmende authentische Texte, welchen eine gemeinsame Absicht zugrunde liegt (vgl. Hermans 2007: 6f.).

Ein zwei- oder mehrsprachiger Vertrag ist ein einziges Rechtsinstrument, obwohl er aus mehreren Versionen besteht. Diese Versionen werden entweder gleichzeitig verfasst, oder sie entstehen durch die Übersetzung einer ersten Version, die von allen Vertragsparteien vereinbart wurde. In beiden Fällen müssen alle Versionen *authentifiziert* werden. Das bedeutet, dass alle Versionen als gleichermaßen authentisch und somit als gleichwertig anerkannt werden. Die Vertragsparteien authentifizieren die verschiedenen Texte, indem sie diese als zueinander äquivalent proklamieren. Es handelt sich also um eine fiktionale Bedeutungsäquivalenz. Damit nun aus einem mehrsprachigen Vertrag ein einziges Rechtsinstrument werden kann, muss eine Authentifizierung erfolgen. Diese erklärt jeden der authentischen Texte als rechtskräftig und verleiht ihnen somit Autorität. Die Authentifizierung ist ein Sprechakt, dessen Erfolg von bestimmten Gelingensbedingungen abhängt. Verträge sind nur dann bindend, wenn die richtigen Verfahren eingehalten werden. Im Fall von internationalen Übereinkünften ist eine der Gelingensbedingungen, dass die zur Authentifizierung vorgelegten Texte nicht nur von Übersetzer:innen allein verfasst werden dürfen, sondern dass die Verhandler:innen selbst für die Formulierung verantwortlich sein müssen. Die Authentifizierung von Übersetzungen verändert deren Identität, genauso wie sie auch die Identität der Originale verändert. Die Übersetzungen sind keine Übersetzungen mehr, und wo es keine Übersetzungen gibt, da gibt es auch keine Originale. Übersetzer:innen genauso wenig. Es gibt nur noch gleichwertige authentische Versionen. Wenn nun Bedeutungsunterschiede zwischen diesen authentifizierten Versionen entdeckt werden, muss eine Berufung auf die gemeinsame Absicht der Vertragsschließenden erfolgen.

Keine Sprache beziehungsweise Version darf bei der Interpretation privilegiert werden, auch wenn diese ursprünglich als Übersetzung einer anderen Version entstanden war. Ein solcher Vergleich zwischen „Original" und „Übersetzung" würde den Gleichheitsgrundsatz und die Autorität aller authentischen Versionen gefährden und ist somit nicht erlaubt. Wenn aber ein Vertrag in mehrere Sprachen übersetzt wurde, diese Übersetzungen jedoch nie authentifiziert wurden, bleiben sie *nur* Übersetzungen. Das bedeutet, dass im Falle von Unsicherheiten oder Streitigkeiten in Bezug auf die Interpretation eines solchen Vertrags immer auf den Originaltext zurückgegriffen werden muss. Wenn verschiedene Sprachversionen eines Vertrags authentifiziert werden und diesen somit gleiche Macht gewährt wird, bedeutet das die Gleichstellung der Vertragsparteien. Wenn jedoch nur eine Sprachversion authentifiziert wird, privilegiert das die Sprecher:innen dieser Sprache. Im Prozess der Authentifizierung kann es folglich dazu kommen, dass eine Ungleichheit zwischen Sprachen und Gemeinschaften geschaffen wird (vgl. Hermans 2007: 7f.).

In zwei- oder mehrsprachigen Rechtstexten erfolgt die Authentifizierung oft schon in diesen Texten selbst, weil sie bereits ein Teil des Abkommens ist. Wenn nun die Vertragsparteien die Dokumente unterzeichnen, erfolgt die Authentifizierung und die Ausrufung der Äquivalenz. Hermans (2007) nennt als bestes Beispiel für einen derartigen Authentifizierungsprozess die Verfassungen von zwei- oder mehrsprachigen Staaten (vgl. Hermans 2007: 11f.).

Es gibt aber auch schwächere Formen der Authentifizierung. Übersetzungen können nur teilweise authentifiziert sein und sogar eine gewisse Autorität ausüben, ohne dabei vollkommen authentifiziert zu sein. Im Prinzip müssen laut Urheberrecht alle zeitgenössischen Übersetzungen, die veröffentlicht werden, autorisiert sein. Eine Autorisierung ist die schwächste Form der expliziten Authentifizierung. Obgleich autorisierte Übersetzungen noch immer nicht den Sprung zur Äquivalenz geschafft haben, sind sie allen anderen in Umlauf gebrachten Übersetzungen eines bestimmten Texts um einen Schritt voraus. Meistens gibt es von einem Text auch nur jeweils eine autorisierte Übersetzung pro Sprache. Bei Übersetzungen, die nicht als solche ausgewiesen werden, ist ebenfalls eine Art Authentifizierung erfolgt. Diese Übersetzungen ersetzen oftmals ihre Originale. Es sind *covert translations* (nach House 1997), die darauf erpicht sind, ihre wahre Natur zu verstecken und als Originale durchzugehen.

Hermans nennt es „pragmatische Äquivalenz“, wenn eine Übersetzung für ihr Original gehalten wird (vgl. Hermans 2007: 18ff.).

Zusammenfassend kann gesagt werden, dass die Äquivalenz zwischen einer Übersetzung und ihrem Original durch einen externen, institutionellen Sprechakt ausgerufen wird und somit erst entstehen kann. Äquivalenz lässt sich also nicht durch intertextuelle Analyse finden oder feststellen, sie wird *verkündet*. Die Festlegung der Äquivalenz mündet in der Authentifizierung einer Übersetzung, die ab diesem Zeitpunkt keine Übersetzung mehr ist, sondern ein zum Original äquivalenter, authentischer Text, der über die gleiche Autorität verfügt wie das Original. Es wird davon ausgegangen, dass allen äquivalenten Texten (dem Original und den Ex-Übersetzungen) die gleiche Absicht zugrunde liegt. Deshalb gibt es pro Sprache auch nur jeweils *eine* authentifizierte Übersetzung. Die Äquivalenz ist das Ende der Übersetzung. Folglich kann eine Übersetzung niemals äquivalent zu ihrem Ausgangstext sein (vgl. Hermans 2007: 24f.). Ein Blick auf die Herkunft des Wortes „äquivalent“ bestätigt dieses Verständnis des Äquivalenzbegriffs: Es setzt sich aus den lateinischen Begriffen aequus (=gleich) und valere (=wert sein) zusammen (Duden o.J.). Es geht also um den Wert einer Übersetzung, und dieser wird, so wie alles andere auch, von Menschen, die im Rahmen von Institutionen und anderen offiziellen Stellen handeln, in Form von Aussagen (Sprechakten) bestimmt.

Wie steht es nun um die Äquivalenz in den hier diskutierten Verfassungsübersetzungen? Der institutionelle Kontext, in dem die Äquivalenz ausgerufen werden sollte, existiert zwar, trotzdem hat keine Übersetzung je den Status des Originaltexts erreicht. Wir sprechen also weiterhin von *Übersetzungen* und nicht von *der Verfassung* in bosnischer, kroatischer oder serbischer Sprache. Somit kann auch die Funktion der Übersetzungen nicht die gleiche sein wie die der Verfassung und die Übersetzungen können und dürfen in keiner Situation die Verfassung ersetzen. Es ist auch nicht garantiert, dass den Übersetzungen die gleiche Absicht zugrunde liegt wie der Verfassung.

Logischerweise sollte die Verfassung eines Staates in der/den jeweiligen Landessprache(n) existieren, doch im Falle der Verfassung von Bosnien und Herzegowina verfügt bis heute keine der drei Landessprachen über eine authentifizierte Version des Rechtstexts. Bosnien und Herzegowina ist ein mehrsprachiger Staat mit einer einsprachigen, fremdsprachigen Verfassung. Die

OHR-Übersetzungen sind somit nicht gleichwertig mit dem englischen Original, eine Äquivalenz ist a priori ausgeschlossen. Die OHR-Übersetzungen können nicht als Rechtsinstrumente fungieren, da sie nicht rechtskräftig sind und keine Autorität verliehen bekommen haben. Von der bosnisch-herzegowinischen Verfassung gibt es also weder authentifizierte Versionen in den Landessprachen, die die Unbekanntheit der Übersetzer:innen rechtfertigen würden, noch gibt es Angaben zu den Übersetzer:innen der nicht authentifizierten OHR-Übersetzungen. Da die Übersetzungen der Verfassung nie authentifiziert wurden, müsste bei Rechtsfragen immer auf den Originaltext zurückgegriffen werden. Ob das geschieht, soll später erforscht werden. Die Tatsache, dass es keine Versionen der Verfassung in den Landessprachen gibt, bedeutet, dass die Vertragsparteien nicht gleichgestellt sind. Die Sprecher:innen der englischen Sprache sind in Bosnien und Herzegowina privilegiert, obwohl Englisch von der dortigen Bevölkerung lediglich als Lingua franca gesprochen wird. Mit der Unterzeichnung des Daytoner Abkommens und der dazugehörigen Verfassung wurde also eine Ungleichheit zwischen Sprachen und Gemeinschaften geschaffen.

Nach einer Kontaktaufnahme mit dem Büro des Hohen Repräsentanten in Sarajevo kam ein weiteres Dokument zum Forschungsmaterial hinzu: ein vom OHR herausgegebenes Heft mit den drei OHR-Übersetzungen inklusive Vorwort des damaligen Hohen Repräsentanten Carl Bildt. Dieses Vorwort ist für die hier vorliegende Arbeit insofern wertvoll, als es aufzeigt, wie mit der Übersetzung umgegangen wurde. Carl Bildt schreibt im Vorwort Folgendes:

> The English version contained in this booklet is the agreed text contained in the Peace Agreement. The Bosniac, Serb and Croat texts do not have the same official status, but they do in our view represent good working documents, based as they are on the texts which the parties have been using themselves. A legal expert from Sarajevo has looked at these texts, and believes that each of them represents an accurate translation of the English. (vgl. Anhang 4)

Hier lässt sich eine schwächere Form der Authentifizierung erkennen. Die OHR-Übersetzungen üben durch die Worte Carl Bildts eine gewisse Autorität aus, ohne dabei vollkommen authentifiziert zu sein. Es handelt sich um autorisierte Übersetzungen, welche wie oben beschrieben die schwächste Form der expliziten Authentifizierung darstellen. Somit sind die OHR-Übersetzungen allen anderen in Umlauf gebrachten Übersetzungen in Bezug auf die Äquivalenz (wenn auch nicht zwingend auch in Bezug auf die Qualität) einen Schritt voraus. Es gibt also von der Verfassung nur jeweils eine autorisierte Übersetzung pro Sprache. Im öffentlichen Gebrauch ersetzen diese Übersetzungen als *covert translations* (nach House 1997) oftmals ihr Original. Dies ist in mehreren staatlichen Institutionen der Fall, oder zumindest auf deren Webseiten. Eine Liste dieser Webseiten befindet sich in der Bibliographie unter *Übersetzungen*.

Auf der offiziellen Seite des Außenministeriums von Bosnien und Herzegowina kann „die Verfassung“ in bosnischer, kroatischer und serbischer Sprache eingesehen werden. Vor jeder Übersetzung ist ein kurzer Text über die Entstehung der Verfassung zu lesen, darin wird allerdings nicht erwähnt, dass es sich bei den darauffolgenden Texten um Übersetzungen handelt. Die Übersetzungen werden jeweils als „die Verfassung“ eingeleitet. Auch eine Autor:innenangabe fehlt. Wenn in der Sprachenauswahl rechts oben Englisch gewählt wird, gibt es dort allerdings nichts. Es erscheint weder ein funktionierender Link, noch der englische Originaltext in irgendeiner anderen Form. Ähnlich verhält es sich auf der offiziellen Webseite der Regierung des Kantons Tuzla. Auch dort sind drei Übersetzungen zugänglich, ohne als Übersetzungen gekennzeichnet zu sein. Hier gibt es Englisch nicht einmal in der Sprachenauswahl. Der Verfassungsgerichtshof bietet vier Versionen an: Bosnisch, Kroatisch, Serbisch und Englisch (mit Angabe, dass es sich bei den Versionen in den Landessprachen um Übersetzungen handelt). Allerdings fehlt hier Klarheit über die wahre Rechtsnatur der Texte. Die Parlamentarische Versammlung von Bosnien und Herzegowina weist auf der Webseite ebenfalls darauf hin, dass der Originaltext auf Englisch verfasst wurde, doch auch hier erhalten die Übersetzungen den Status „der Verfassung“. Nach diesen Erkenntnissen stellt sich zu Recht die Frage, auf welche Version sich die genannten Institutionen und insbesondere der Verfassungsgerichtshof in Rechtsfragen berufen und inwieweit dieser Vorgang für die Bevölkerung transparent ist. Kann auch in der Praxis von einer pragmatischen Äquivalenz gesprochen werden, wenn schon auf der Webseite die Übersetzung für das Original gehalten wird? Die Frage über den tatsächlichen Wirkungsbereich dieser *covert translation* (nach House 1997) wird anderorts beantwortet werden.

Aus den obigen Ausführungen folgt, dass es keine Bedeutungsäquivalenz zwischen der Verfassung und den Übersetzungen geben kann, solange diese nicht durch einen externen, institutionellen Sprechakt ausgerufen wird. Sie kann also nicht durch intertextuelle Analyse gefunden oder festgestellt werden. Was sehr wohl anhand einer intertextuellen Analyse untersucht werden kann, ist die Korrektheit der übersetzten Fachwörter. Diese werden im nächsten Schritt erforscht. Das Konzept der *constituent peoples* findet jedoch auch im Rahmen der Fachsprachlichkeit keinen Platz, da es sich wie bereits angedeutet und auch im Fall U-5/98 des Verfassungsgerichtshofs von Bosnien-Herzegowina unter Punkt 50. verlautbart um einen neu erfundenen, nirgends (bzw. laut Teilentscheidung des Verfassungsgerichtshofs zumindest im Verfassungstext selbst nicht) definierten Begriff handelt (vgl. USBIH 01.07.2000, U-5/98-III). Dementsprechend kann hier nicht über seine Übersetzung geurteilt werden.

2. Fachsprachlichkeit

Das zweite Kriterium für die Übersetzungsanalyse ist die Fachsprachlichkeit. Zuerst soll diese definiert werden.

Schwenk (2010) schreibt, dass versprachlichte Fachlichkeit nicht automatisch Fachsprachlichkeit ist. Die *Fachlichkeit* beschreibt den Inhalt von Fachtexten, während sich die *Fachsprachlichkeit* im Ausdruck dieser Texte widerspiegelt. Laut Schwenk gliedert sich Fachsprachlichkeit in verschiedene Arten. Die Art und der Umfang der Fachlichkeit und Fachsprachlichkeit lassen sich anhand der Fachwörter/Fachtermini feststellen, diese sind für die „Überführung von Fachlichkeit in Fachsprachlichkeit“ (Schwenk 2010: 72) verantwortlich. Es kann sein, dass es für etwas auch zwei synonyme Fachwörter gibt, wie dies in der Medizin oft der Fall ist. Manche Fachwörter werden nur von einem bestimmten Nutzer:innenkreis verstanden (spezielle Fachsprachlichkeit), während andere auch für Nicht-Expert:innen verständlich sind (gemeine Fachsprachlichkeit). Schwenk (2010) sagt aber auch, dass nicht alle Fachwörter gleich von Fachsprachlichkeit zeugen, die er als „Sprache innerhalb der Sprache“ (Schwenk 2010: 75) bezeichnet. Bis heute gibt es in der Fachsprachenforschung noch immer keine klare Definition des Begriffs *Fachsprache*, außer dass diese das Gegenstück zur genauso wenig definierten *Gemeinsprache* ist. Laut Schwenk (2010) ist die Fachbezogenheit bestimmter Termini nicht ausreichend, um aus dieser eine eigene Sprachlichkeit zu erschaffen. Nur die speziellen Fachwörter (Expertenwörter) haben Anspruch auf Eigensprachlichkeit. Somit gibt es laut Schwenk (2010) keine Fachsprachen, sondern nur ExpertInnensprachen als bestimmte Soziolekte. Alles andere fachlich Versprachlichte gehört zur fachlichen Gemeinsprache (vgl. Schwenk 2010: 69ff.).

> Solange zur Wiedergabe eines fachlichen Inhalts nur eine sprachliche Form zur Verfügung steht, dann ist diese zwar fachlich geprägt, macht aber deshalb noch keine Fachsprachlichkeit aus, sondern lässt sich lediglich der sprachlichen Fachlichkeit zuschreiben. (Schwenk 2010: 77)

Folglich sollte das hier diskutierte Beurteilungskriterium genau genommen nicht Fachsprachlichkeit, sondern fachliche Gemeinsprachlichkeit heißen, da auch die Übersetzungen von Begriffen wie *Rechtsstaatlichkeit* (die zwar ein Rechtsbegriff ist, aber nicht nur von Jurist:innen verstanden wird) unter die Lupe genommen werden.

Auch Vaňková (2018) unterscheidet zwischen Fachlichkeit und Fachsprachlichkeit und schreibt, dass sich beide dieser Eigenschaften in Texten unterschiedlich stark manifestieren können. Es können Spannungen entstehen, wenn ein Fachtext nicht über die notwendigen fachsprachlichen Mittel verfügt, weil dadurch die Textrezeption beeinträchtigt werden kann (vgl. Vaňková 2018: 8).

Da es sich um einen Rechtstext handelt, wird die Fachsprachlichkeit des Textes durch das Prisma der Rechtssprache betrachtet. Trosborg (1991) unterscheidet hierbei zwischen „the language of the law“ und „legal language“, wobei ersteres die Sprache verschiedener Rechtsdokumente bezeichnet und letzteres den gesamten Sprachgebrauch im Bereich des Rechts (zum Beispiel auch die Sprache im Gerichtssaal) miteinschließt (vgl. Trosborg 1991: 67f.). Rechtssprache wird hier im Sinne von *language of the law* verstanden.

Die folgende Analyse soll zeigen, inwieweit die von den Verfasser:innen des Originals intendierte Rezeption der Verfassung durch einen Mangel an

Fachsprachlichkeit beziehungsweise fachlicher Gemeinsprachlichkeit in den Übersetzungen beeinträchtigt wird. Die Fachsprachlichkeit der Übersetzungen wird im Folgenden durch eine Analyse der Fachterminologie, der fachsprachlichen Phraseologie sowie der fachsprachlichen Syntax ermittelt.

a. Fachterminologie

Die Terminologie ist ein sehr wichtiges Merkmal für die Einschätzung des sprachlichen Fachlichkeitsgrads eines Texts. Vaňková (2018) definiert Fachwörter als „elementare Einheiten [...], die Träger fachlicher Inhalte sind und die in der Kommunikation über ein Fachthema verwendet werden." (Vaňková 2018: 9) Eine genaue Unterscheidung zwischen Fachwort und Terminus hat die Wissenschaft noch nicht hervorgebracht (vgl. Vaňková 2018: 9). Deshalb werden diese beiden Begriffe in den folgenden Zeilen synonym verwendet und im Lichte der oben genannten, wenn auch sehr allgemeinen Definition verstanden. Die hier vorliegende Analyse erhebt keinen Anspruch auf die Vollständigkeit der Darstellung der in Präambel und Artikel I der Verfassung enthaltenen Fachtermini. Vielmehr sollen die ausgewählten Termini exemplarisch zeigen, auf welchem Fachlichkeitsgrad die Übersetzungen zu verorten sind. Daraus lässt sich in gewissem Maße schließlich auch die Übersetzungsqualität ablesen.

Der erste Fachterminus, der untersucht werden soll, ist *rule of law*. Es handelt sich um einen stabilen Mehrworttcrminus, dessen Begriffsinhalt streng definiert ist (vgl. Rossenbeck 1989: 199). Er kommt in Artikel I, Punkt 2 vor: „Bosnia and Hercegovina shall be a democratic state, which shall operate under the rule of law and with free and democratic elections." (OHR o.J.a) Es geht hier also um Rechtsstaatlichkeit, ein klar definiertes Konzept, welches in einem eigenen Kapitel näher behandelt wird. An dieser Stelle soll nur gesagt werden, dass es für dieses Konzept in jeder Sprache (oder zumindest in den hier relevanten Sprachen) eine entsprechende, fachgerechte Übersetzung gibt. In der bosnischen und der kroatischen Übersetzung blieb ein korrekter Transfer dieses Konzepts jedoch aus. Es wurde stattdessen in eine sehr schwammige und allgemeinsprachliche Aussage umgewandelt. In den beiden Übersetzungen ist nicht mehr von einem demokratischen Rechtsstaat die Rede, sondern von einem „demokratischen Staat, der im Einklang mit dem Gesetz funktioniert[1]" (vgl. Anhang 1 & 2). Es gibt zwar die Aussage „im Einklang mit Recht und Gesetz", diese meint aber dann nicht explizit die Rechtsstaatlichkeit, sondern die für eine bestimmte Angelegenheit geltenden Gesetze. Im Falle einer Verfassung gibt es jedoch noch keine Gesetze, an die sich diese Verfassung halten könnte, zumindest nicht in Artikel I. Die Erstellung und das Inkrafttreten der grundlegenden Gesetze eines Staats werden erst mit der Verfassung als Grundstein überhaupt ermöglicht. „Im Einklang mit Recht und Gesetz" gehört zwar zur rechtlich-fachlichen Gemeinsprache, ist aber keine korrekte Übersetzung für den Terminus *rule of law*. Eine bessere Lösung bietet die serbische Übersetzung, wo der demokratische Staat „auf dem Prinzip der **Rechtsstaatlichkeit** funktioniert[2]" (*funkcioniše na principu* ***vladavine prava***) (vgl. Anhang 3).

Haverić (2013) geht in einer seiner Arbeiten ebenfalls der Frage nach der korrekten Übersetzung von *rule of law* (wenn auch nicht im Kontext der Verfassung von Bosnien und Herzegowina, sondern im allgemeinen Kontext) nach. Er verzeichnet in den 80er Jahren in Jugoslawien ein häufiges Auftreten des Ausdrucks *vladavina prava,* während zur gleichen Zeit, jedoch seltener und vor allem in wissenschaftlichen Beiträgen, auch der Ausdruck *vladavina zakona* vorkommt. Er untersucht in seiner Arbeit, ob das Syntagma *rule of law* angemessener als *vladavina prava* (wortwörtlich *Rechtsherrschaft*) oder als *vladavina zakona* (wortwörtlich *Gesetztesherrschaft*) zu übersetzen ist. Er weist hier auf die grundlegende Doppeldeutigkeit des englischen Begriffs *law* hin, das sowohl Recht (*jus*), als auch Gesetz (*lex*) bedeutet und kontextabhängig übersetzt wird. Haverić (2013) beruft sich in seiner Diskussion auf die Übersetzungspraxis der internationalen Organisationen und entnimmt aus französischen UN-Dokumenten die Übersetzung *L'État de droit,* ein Äquivalent zum deutschen *Rechtsstaat*. Dementsprechend sollte das bosnische/kroatische/serbische Äquivalent *pravna država* lauten. Da sich diese Übersetzung jedoch im diskutierten Sprachraum nicht durchgesetzt hat, bleibt festzustellen, ob *law* in diesem Kontext als *pravo (jus)* oder *zakon (lex)* zu verstehen ist. Haverić kommt zum Schluss, dass der *Rechtsstaat* anfangs lediglich dem *Machtstaat*

1 Übers. E.D.

2 Übers. E.D.

entgegengesetzt wurde und als solcher stets im Sinne der *Gesetzesherrschaft (vladavina zakona)* definiert wurde. So sieht er *vladavina zakona* als korrekte Übersetzung an (vgl. Haverić 2013: 1ff.).

In anderen, ebenfalls wissenschaftlichen Texten, wird aber nach wie vor der Begriff *vladavina prava* verwendet, wenn die Rechtsstaatlichkeit gemeint ist (vgl. Ademović et al. 2012: 6). Fest steht jedenfalls, dass der elementare Terminus *rule of law* nur in einer von drei Versionen zumindest gemeinsprachlich betrachtet richtig übersetzt wurde.

Das nächste Fachwort ist *persons*. Gemeint sind die Personen, denen in Artikel I.7.c) das Recht auf Staatsangehörigkeit gewährleistet werden soll (vgl. OHR o.J.a). Da nicht der Fachterminus *legal persons* gewählt wurde, sind damit wohl nicht alle Rechtssubjekte gemeint, sondern alle natürlichen Personen, also Menschen. In der bosnischen und der serbischen Übersetzung sind das *osobe* (vgl. Anhang 1 & 3), in der kroatischen *lica* (vgl. Anhang 2). Beide Begriffe werden jedoch in allen drei Sprachen gebraucht. In den gängigsten Wörterbüchern aller drei Sprachen wird *osoba* an erster Stelle als *Mensch als Individuum* beziehungsweise *einzelner Mensch* definiert, *lice* als *vorderer Teil des Kopfes beim Menschen*, wobei in bestimmten Kontexten *lice* nach dem Prinzip Pars pro Toto auch als Personenbezeichnung fungiert (vgl. Anić: 2003; Jahić: 2012b; Jahić: 2019; Nikolić: 2011). Das beste Beispiel hierfür ist wohl die Bezeichnung *vojno lice* in allen drei Sprachen, die eine Militärperson meint. Zwar wird im kroatischen Eintrag zu *osoba* auf den Eintrag *lice* verwiesen (Anić: 2003), in kroatischen Rechtstexten werden Personen jedoch dennoch viel häufiger als *osobe* bezeichnet.

Ein weiterer Terminus ist *bilateral agreement*. Nun heißt es in der kroatischen und der serbischen Übersetzung unisono *bilateralni sporazum* (vgl. Anhang 2 & 3), während im bosnischen Text von *bilateralni ugovor* die Rede ist (vgl. Anhang 1). Es folgt das gleiche Prozedere wie beim Terminus zuvor: ein Vergleich der Wörterbucheinträge. Und wieder dieselbe Situation: beide Wörter (*sporazum* und *ugovor*) sind keiner der drei Sprachen fremd (vgl. Anić: 2003; Nikolić: 2011). Aus den Einträgen lässt sich erschließen, dass es jedoch einen nicht so unwesentlichen Bedeutungsunterschied gibt. Während *sporazum* als Vereinbarung verstanden wird, ist *ugovor* ein tatsächlicher Vertrag (vgl. Anić: 2003; Nikolić: 2011). Was ist nun der Unterschied zwischen einer

Vereinbarung und einem Vertrag? Gibt es juristisch betrachtet einen Unterschied oder werden beide Begriffe synonym verwendet? Wie ist es dann im Englischen mit *agreement* und *contract*, um den Bogen wieder zum Original zu spannen? Da es Übersetzer:innen von Rechtstexten „nicht nur mit einem Sachgebiet in zwei verschiedenen Sprachen zu tun [haben], sondern mit zwei Rechtsordnungen in zwei unterschiedlichen Sprachen" (Gruntar Jermol 2007: 137), müsste an dieser Stelle jeder der genannten Begriffe einzeln im Kontext seiner jeweiligen Rechtsordnung untersucht werden, um seine genaue Definition zu bestimmen. Nur so können die Übersetzungen richtig beurteilt werden. Hier kann allerdings aus praktischen Gründen nur ein etwas oberflächlicherer Zugang gewährleistet werden, der von RechtsexpertInnen weiter ausgebaut werden könnte. Merriam Webster definiert die beiden Rechtstermini *agreement* und *contract* wie folgt:

agreement noun

agree·ment

Legal Definition of *agreement*

1 **a** : the act or fact of agreeing
// by mutual ***agreement***

b : unity of opinion, understanding, or intent
especially : the mutual assent of contracting parties to the same terms
// if they reach ***agreement***

NOTE: Under common law, agreement is a necessary element of a valid contract. Under Uniform Commercial Code section 1-201(3), agreement is the bargain of the contracting parties as represented explicitly by their language or implicitly by other circumstances (as a course of dealing).

2 **a** : an expression (as a settlement, covenant, or contract) of the intent or willingness of two or more parties to bind at least one to terms usually determined by negotiation
// an ***agreement*** must be sufficiently definite before a court can enforce it
— J. D. Calamari and J. M. Perillo

b : the language or instrument embodying such an expression

Abb. 2: Definition von *agreement* (Merriam Webster o.J.)

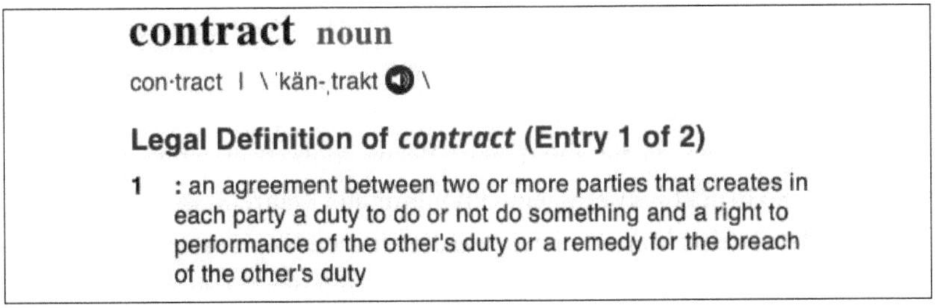

contract noun

con·tract | \ ˈkän-ˌtrakt \

Legal Definition of *contract* (Entry 1 of 2)

1 : an agreement between two or more parties that creates in each party a duty to do or not do something and a right to performance of the other's duty or a remedy for the breach of the other's duty

Abb. 3: Definition von *contract* (Merriam Webster o.J.)

Die Recherche in fachsprachlichen Glossaren für die Sprachen Bosnisch/Kroatisch/Serbisch brachte folgende Ergebnisse:

Im einsprachigen Wörterbuch der Rechtsbegriffe auf der Webseite der Justizkommission des Brčko Distrikts wird *ugovor* als Vereinbarung zweier oder mehr Personen definiert, in welcher sich die Vertragsparteien wechselseitig zur Einhaltung der Vereinbarung verpflichten. Der Terminus *sporazum* ist nicht Teil des Glossars, wird aber im Vergleich zu den obigen englischen Einträgen synonym zu *agreement* verwendet (vgl. Pravosudna komisija Brčko distrikta BiH o.J.).

Das Ministerium für Auswärtige Angelegenheiten und Europäische Integration der Republik Kroatien stellt gleich mehrere „Übersetzungshandbücher" für das Sprachenpaar Englisch-Kroatisch zur Verfügung. Laut diesen ist *agreement* korrekt als *sporazum* zu übersetzen. *Bilateral agreement* ist aber interessanterweise nicht wie in der Verfassungsübersetzung *bilateralni sporazum*, sondern *dvostrani sporazum*, also ohne Lehnwort, sprachlich „bereinigt" sozusagen. Der Eintrag zu *contract* nennt die Übersetzung *ugovor* (vgl. Republika Hrvatska Ministarstvo vanjskih i europskih poslova o.J.).

Dass die richtige Übersetzung für *agreement* in allen drei Sprachen *sporazum* ist, beweist auch der Titel des Rahmenabkommens für den Frieden: Es ist das *General Framework* ***Agreement*** *for Peace in Bosnia and Hercegovina*, welches im Gegensatz zu seinen Annexen wohl über authentische Versionen in den Sprachen Bosnisch, Kroatisch und Serbisch verfügt. Im Rahmenabkommen heißt es: „Done at Paris, this 14th day of december 1995, in the Bosnian, Croatian, English and Serbian languages, each text being equally authentic."

(OHR 1995) Der Titel des Abkommens trägt in allen Versionen das Wort *sporazum* als Übersetzung für *agreement* in sich.

Des Weiteren lassen sich auch die Modalverben *may* und *shall* der Fachterminologie zuordnen, da diese Verben im Rechtskontext verfestigte Bedeutungen tragen. So drückt *may* etwa eine Erlaubnis aus, während mit *shall* Anordnungen oder Befehle kommuniziert werden. Imperative hingegen findet man in Rechtstexten nur selten, was Trosborg (1991) mit der Distanz, die zwischen der Legislative und den RezipientInnen besteht, in Verbindung bringt. Die RezipientInnen werden nie direkt angesprochen (vgl. Trosborg 1991: 86f.). *May* und *shall* kommen im untersuchten Verfassungstext an mehreren Stellen vor.

May wurde an allen Stellen in allen drei Übersetzungen mit *može/mogu* (Einzahl/Mehrzahl des Verbs *können*) übersetzt. Bei *shall* und *shall not* verhält es sich schon etwas komplexer: An den meisten Stellen wurde aus *shall* [...] eine Konstruktion im Präsens, an einer Stelle wurde das Geschriebene ins Futur verlagert bzw. im serbischen Text sogar ganz umgeschrieben. In den Fällen der Verneinung (*shall not*) sind in den Übersetzungen Futurkonstruktionen zu beobachten. Anderorts kommen als Übersetzungslösung für *shall not* Modalkonstruktionen zum Einsatz. Dies kommt in Art.I.7.b) vor (vgl. Anhang 1, 2 & 3). Welche Erkenntnis kann nun daraus über den Fachlichkeitsgrad der Übersetzungen gewonnen werden? Vorerst muss eine Paralleltextrecherche vorgenommen werden, um festzustellen, welche Verben und Verbformen in den jeweiligen Sprachen für den Ausdruck von Ge- und Verboten üblich sind. Nach Einsicht der Verfassungen der Republiken Kroatien und Serbien kann auf den ersten Blick gesagt werden, dass die in den Übersetzungen gewählten Lösungen für jene Stellen, an welchen im Original zu *shall* gegriffen wurde, den fachsprachlichen Normen in den Zielsprachen entsprechen. Obwohl dieser Aspekt hier der Fachterminologie zugeordnet wurde, ist er übergreifender und hat mit Textkonventionen in den jeweiligen Sprachen zu tun. Es geht eigentlich darum, wie gewisse Sprechakte in den jeweiligen Sprachräumen versprachlicht werden.

b. Fachsprachliche Phraseologie

In den letzten Jahren rückte die fachsprachliche Phraseologie immer weiter in den Interessensbereich der Sprachwissenschaftler:innen. Bukovčan (2004) sieht den Grund dafür in der allgemeinen Entwicklung von kognitiven linguistischen Theorien, in den neuen Erkenntnissen aus der Erforschung der gemeinsprachlichen Phraseologie sowie in den aktuellen Fragen aus der Terminologieforschung in Bezug auf den Status von Mehrworttermini. Über die Definition von fachsprachlichen Phraseologismen gibt es zahlreiche Meinungen, zwei Grundmerkmale lassen sich allerdings festmachen: Polylexikalität und Festigkeit (vgl. Bukovčan 2004: 183ff.).

In dieser Analyse wird fachsprachliche Phraseologie wie von Rossenbeck (1989) definiert verstanden. Er selbst bezeichnet seine Definition als „vorläufig" (Rossenbeck 1989: 199). Laut Rossenbeck gehört zur fachsprachlichen Phraseologie „die Gesamtheit der Wortverbindungen, deren Bestandteile sich zu einer charakteristischen Kombination verfestigt haben und die in Texten eines bestimmten Fachgebiets zu beobachten sind." (Rossenbeck 1989: 199) Diese Wortverbindungen nennt er auch „Fachwendungen" oder „phraseologische Einheiten" und beschreibt sie als Verknüpfungen von Fachwörtern mit Wörtern der Allgemeinsprache. Selten gehören alle Teile einer Fachwendung der Fachsprache an. Viele fachsprachliche Phraseologismen sind Substantiv-Verb-Verbindungen, es gibt aber auch Kombinationen, die grammatikalisch ganz anders aufgebaut sind. Ein Beispiel dafür sind standardisierte Ausdrücke, die den Mehrworttermini ähneln, aber nicht wie diese streng definiert sind. Ein weiterer Unterschied zu den Mehrworttermini ist die Möglichkeit der formalen Abwandlung, also die Möglichkeit, bestimmte Wörter aus der Wendung durch andere passende Wörter zu ersetzen. Auch können für fachsprachliche Phraseologismen synonyme Wendungen gefunden werden, was bei Mehrworttermini normalerweise nicht der Fall ist. Rossenbeck (1989) grenzt außerdem fachsprachliche Phraseologismen von gemeinsprachlichen Phraseologismen, also den Idiomen, ab, indem er sagt, dass sich bei ersteren

> die Bedeutung des Gesamtausdrucks durchaus aus der Summe der Bedeutungen der einzelnen Konstituenten erschließen lässt [...], während es gerade als Merkmal sine qua non der Idiome gilt, daß ihre Bedeutung nicht aus derjenigen der sie bildenden Konstituenten ablesbar ist. (Rossenbeck 1989: 200)

Rossenbeck (1989) rechnet auch standardisierte Sätze zur fachsprachlichen Phraseologie und sieht in der Festigkeit und in der Stabilität die wichtigsten Merkmale von Fachwendungen. Diese Merkmale können festgestellt werden, wenn bestimmte Wortverbindungen „semantisch fachgebunden oder fachbezogen sind“ (Rossenbeck 1989: 200) und wenn bewiesen werden kann, dass diese in Fachtexten zu bestimmten Themen wiederholt auftreten. Da dies jedoch keineswegs ein leichtes Unterfangen ist, schlägt der Autor auch einen anderen Weg vor: „die Kontrastierung mit einer oder mehreren Fremdsprachen“ (Rossenbeck 1989: 200–201). Mit einem interlingualen Zugang kann der/die Forscher:in phraseologische Einheiten oft deutlicher erkennen als anhand einer intralingualen Analyse. Laut Rossenbeck (1989) hat die Phraseologie außerdem eine Signalfunktion, die uns Fachtexte als solche erkennen lässt. Somit kommt ihr eine ähnliche Bedeutung wie den Fachtermini zu, denn ohne sie wirkt ein Fachtext qualitativ minderwertig. Unkonventionelle Formulierungen machen den Text weniger fachsprachlich und können sogar das Textverständnis erschweren, da sich fachkundige RezipientInnen auf diese konventionellen Formulierungen, also „Signale“ verlassen, um den Inhalt des Texts schnell erfassen zu können. Es kann sogar so weit gehen, dass ein Text, der gegen die phraseologische Norm verstößt, nicht mehr als Fachtext gilt (vgl. Rossenbeck 1989: 199ff.).

Vor allem Sprachnormer:innen sehnen sich nach einer besseren „Voraussagbarkeit von Struktur und Wortbestand von Fachwendungen“ (Rossenbeck 1989: 205), da diese Fachtexte leichter verständlich und auch leichter übersetzbar machen würde. Realistisch umsetzbar ist eine solche Standardisierung von fachsprachlichen Phraseologismen jedoch nur bei neuen Fachwendungen (vgl. Rossenbeck 1989: 205f.). *Constituent peoples* könnte so eine neue Fachwendung sein, wobei sich die Frage stellt, ob es sich überhaupt schon um eine Fachwendung handeln kann, wenn diese noch nicht einmal in ihrer Ursprungssprache klar definiert wurde? Oder sprechen wir hier von einem potentiellen Mehrwortterminus? Kommen wir besser zurück zur Übersetzung von fachsprachlichen Phraseologismen, die ohne Zweifel welche sind. Guntar Jermol (2007) schreibt dazu und speziell in Bezug auf juristische Texte Folgendes:

> Die Suche nach äquivalenten Termini in der Zielsprache ist bei juristischen Texten nicht selten eine anspruchsvolle Aufgabe. [...] Nicht nur die Auswahl entsprechender Termini stellt eine große Herausforderung dar, sondern auch die Auswahl entsprechender Verben, Adjektive und Präpositionen, die sich mit Termini verbinden [...] Solche festen Wortverbindungen können selbst erfahrenen Übersetzern oft erhebliche Schwierigkeiten bereiten, weil sie eine Übersetzungseinheit bilden und daher nicht einzelsprachlich übersetzt werden können. [...] Viele dieser spezifischen Wortkombinationen sind in verschiedenen Nachschlagewerken (Glossaren, Lexika, Wörterbüchern ...) nicht kodifiziert. (Gruntar Jermol 2007: 137)

So begründet Gruntar Jermol (2007) die Notwendigkeit der Aufnahme von fachsprachlichen Kollokationen in Fachwörterbücher. Übersetzter:innen müssen aufgrund dieser Mangelhaftigkeit der Fachwörterbücher andere Quellen heranziehen, um die richtigen Kollokationen in der Zielsprache ausfindig zu machen. Das stellt sich als große Herausforderung heraus (vgl. Gruntar Jermol 2007: 137ff.). Auch Bukovčan (2004) macht auf diesen Problembereich aufmerksam. Laut ihr sind fachsprachliche Phraseologismen

> zusätzlich systemabhängig und bedürfen einer terminologischen Begriffsbestimmung. Diese unterscheidet sich oft wesentlich in verschiedenen Quellen und ist unter anderem auf einen Sprachwandel in einer sehr kurzen Zeit zurückzuführen. (Bukovčan 2004: 188)

Welche der übersetzten fachsprachlichen Phraseologismen aus der Präambel und dem Artikel I der Verfassung lassen sich nun als „translationskritisch auffällig“ charakterisieren? Tatsächlich war es nur eine Fachwendung, die möglicherweise als fachsprachlicher Phraseologismus gelten könnte. Es ist die Überschrift von Punkt 4: „Movement of Goods“ (OHR o.J.a), in allen drei Übersetzungen wiedergegeben als *Kretanje roba, usluga, kapitala i lica* bzw. *osoba* (vgl. Anhang 1, 2 & 3). Im englischen Originaltext befindet sich die Weiterführung „Services. Capital. and Persons.“ (OHR o.J.a) im Text von Punkt 4, in den Übersetzungen wurde diese Weiterführung in die Überschrift vorgezogen (vgl. Anhang 1, 2 & 3). Genau genommen handelt es sich hierbei um ein Textfragment, dass sowohl unter den Punkt b) Fachsprachliche Phraseologie als auch unter den folgenden Punkt c) Fachsprachliche Syntax fallen könnte. Da es jedoch ein umfassenderes rechtliches Wissen erfordert, um mehr zu dieser Formulierung sagen zu können, soll sie hier nur als Beispiel für eine Textstelle erwähnt werden, die für die Zieltexte phraseologisch und syntaktisch adaptiert wurde. Auf welcher Grundlage diese Adaption stattgefunden hat, bleibt unbekannt. Möglicherweise war eine Verbesserung des Leseflusses ausschlaggebend.

c. Fachsprachliche Syntax

Laut Vlachopoulos (2011) spiegelt die Syntax die Komplexität der juristischen Fachsprache wider und stellt hohe Anforderungen an die Übersetzer:innen. Er definiert als Ziel beim Übersetzen von juristischen Texten die kommunikationskonforme Übertragung von Inhalten aus einer Rechtsordnung in eine andere. Bedeutungstragend ist hierbei neben der Lexik auch die Struktur, die es in die Zielsprache zu übertragen gilt. Die Syntax kann sich je nach Sprache maßgeblich ändern. In seiner Untersuchung, in der er die Syntax beim Übersetzen von Rechtstexten untersucht, hat Vlachopoulos versucht herauszufinden, ob die Übersetzer:innen in den analysierten Texten die Möglichkeit hatten, zwischen mehreren syntaktischen Strukturen zu wählen und ob die Wahl schließlich auf „vertretbare Kultur- und Kommunikationskonformität in der Zielkultur" (Vlachopoulos 2011: 80) gefallen ist. Er kommt zum Schluss, dass eine richtige Syntaxwahl von professionellen Übersetzer:innen getroffen wurde, die außerdem über juristisches Fachwissen verfügten. Folglich ist eine „Kombination von Fachwissen und fachsprachlichen Kenntnissen" (Vlachopoulos 2011: 85) notwendig, um eine kommunikationskonforme Wahl in Bezug auf die syntaktische Struktur zu treffen. Kommunikationskonform zu übersetzen bedeutet manchmal, die Ausgangstextstruktur linear zu reproduzieren, während manchmal eine absolute Umstrukturierung erforderlich ist. Geleitet wird die Wahl vom Zweck der Übersetzung, der nur von Übersetzer:innen erkannt werden kann, die über Fachkenntnisse verfügen und in den jeweiligen Fachsprachen sattelfest sind (vgl. Vlachopoulos 2011: 78ff.).

> Kein Übersetzer von Rechtstexten kann es sich leisten, das semantische Potenzial der syntaktischen Strukturen zu ignorieren und sich unbewusst vom Satzbau des Ausgangstextes (ver-) leiten lassen. Maximierung der Kommunikationskonformität bei der Übersetzung kann nur derjenige Translator gewährleisten, der auch das semantische Potenzial der syntaktischen Strukturen als wichtigen integrativen Teil der Gesamttextbewertung anerkennt und beim Streben danach berücksichtigt. (Vlachopoulos 2011: 85)

Die Verfassungsübersetzungen weisen nur wenige syntaktische Adaptionen auf. Der Satzbau in den untersuchten Textteilen wurde so gut wie gar nicht umstrukturiert. Ob das nun eine bewusste Entscheidung zwecks Kommunikationskonformität war, oder eher eine unreflektierte lineare Übertragung, bleibt ungewiss, zumal auch die Identität der Übersetzer:innen (oder war es nur eine Person? – dies bleibt auch unbekannt) nicht festgestellt werden kann. Die Qualität der Übersetzungen in Bezug auf die Syntax kann an dieser Stelle nicht beurteilt werden, da dafür zu wenig Fachwissen vorhanden ist und eine intensivere Beschäftigung mit dem Fachbereich den abgesteckten Rahmen sprengen würde. Es kann jedoch ein kleiner vergleichender Einblick in jene Textstellen gegeben werden, die syntaktisch vom Original abweichen, ohne dabei den Anspruch auf Vollständigkeit zu erheben.

An zwei Stellen lässt sich eine Veränderung der Syntax verzeichnen. Zum einen wurde die Passivkonstruktion „will be regulated" (OHR o.J.a) in Punkt 7. c) in allen drei Versionen durch eine Aktivkonstruktion ersetzt (vgl. Anhang 1, 2 & 3), die im Bosnischen/Kroatischen/Serbischen allgemein vorgezogen wird. An dieser Stelle würde eine lineare Übersetzung der Passivkonstruktion aus dem Original tatsächlich unnatürlich klingen. Dementsprechend wird diese Entscheidung hier als gut eingestuft. Die zweite Stelle, die Passage unter Punkt 7. d), lautet im Original wie folgt:

> Citizens of Bosnia and Herzegovina may hold the citizenship of another state, provided that there is a bilateral agreement, approved by the Parliamentary Assembly in accordance with Article IV(4)(d), between Bosnia and Herzegovina and that state governing this matter. (OHR o.J.a)

In allen drei Versionen wurde der letzte Teil „between Bosnia and Hercegovina and that state governing this matter“ (OHR o.J.a) vorgezogen. Auch diese Umstrukturierung macht in den Zielsprachen mehr Sinn als eine bloße Übertragung der ursprünglichen Struktur. Die Bedeutung wird jedenfalls nicht verändert, was in dem Fall der wichtigste Gesichtspunkt ist.

3. Groß-/Kleinschreibung

Das Kriterium der Groß-/Kleinschreibung wurde hier wegen einer ganz bestimmten Stelle gewählt, die für die Verfassungsinterpretation maßgeblich ist. Es handelt sich um folgende Textpassage, die als Schlussteil der Präambel die Überleitung zu Artikel I darstellt:

> Bosniacs, Croats, and Serbs, as constituent peoples (along with Others), and citizens of Bosnia and Herzegovina hereby determine that the Constitution of Bosnia and Herzegovina is as follows: [...] (OHR o.J.a)

In den Übersetzungen wird aus „Others“ (OHR o.J.a) nicht *Ostali*, sondern ***o****stali* (vgl. Anhang 1, 2 & 3). Ursprünglich wird das Pronomen *others* auch im Englischen kleingeschrieben. Es muss also einen Grund geben, warum hier die Großschreibung gewählt wurde, wenn man davon ausgeht, dass es sich nicht um einen Tippfehler handelt und die Wahl des Großbuchstabens beabsichtigt war. Außerdem lässt sich beobachten, dass nicht von ***the*** *Others,* also einer bestimmten Gruppe von anderen (***den*** *Anderen*), sondern schlichtweg von *Others* als unbegrenzter Gruppe/unbegrenzten Gruppen (also *Anderen*) die Rede ist. In den Übersetzungen geht diese Bedeutung verloren. Beim Lesen der Übersetzungen erhält man vielmehr den Eindruck, als meinte die Verfassung mit *ostali* den „Rest“, der neben den konstitutiven Völkern übrig bleibt. Dieser Effekt wird durch die Kleinschreibung erzielt. Durch die gegenübergestellte Großschreibung der konstitutiven Völker ***B****osanci,* ***H****rvati i* ***S****rbi* (vgl. Anhang 1, 2 & 3) wird die Gleichstellung von *ostali* mit den konstitutiven Völkern ausgeschlossen. Eine Gleichstellung, die das englische Original zumindest linguistisch betrachtet an dieser Stelle der Verfassung zulässt.

Laut Vajzović (2010) ist in Bezug auf diese Gruppe der *Anderen* praktisch alles fragwürdig und unausgesprochen. Obwohl die *Anderen* oft in einem

Atemzug mit den konstitutiven Völkern genannt werden, scheint nicht einmal klar zu sein, ob sie selbst auch konstitutiv sind (mehr zur „Konstitutivität der Völker“ in weiterer Folge). Hierzu gibt es divergente Meinungen. Außerdem scheint auch alles andere in Bezug auf diese Verfassungskategorie sowohl theoretisch als auch praktisch nicht transparent zu sein, was bedeutet, dass die *Anderen* unterschiedlich, unpräzise und inkonsistent benannt, definiert, gruppiert und behandelt werden. Laut der Autorin ist die Bedeutung der *Anderen* terminologisch nicht festgelegt (vgl. Vajzović 2010: 92ff.).

Es bleibt also nichts anderes übrig, als festzustellen, dass die Kleinschreibung von *ostali* noch mehr Unklarheiten in den Weg räumt, als ohnehin schon existieren. Jedenfalls nehmen die Übersetzungen den *Anderen* jenen Stellenwert, den sie im Original haben könnten. Zwar ist auch im Original ihr Stellenwert ohne genauere Erläuterung nicht ganz klar, dennoch kann die Großschreibung der „Others“ (OHR o.J.a) als Ausgangspunkt dafür dienen, das ethnonationale Prinzip in Frage zu stellen.

2.4.2 Noch eine Übersetzung?

Um die Frage nach den Verfassungsübersetzungen noch komplizierter zu machen, gibt es auch das Amendement I, welches im März 2009 in bosnischer, kroatischer und serbischer Sprache erlassen wurde. Dieser Verfassungsteil ist der einzige, der in den Landessprachen authentisch ist, während seine englische Version nur eine Übersetzung darstellt. Interessant ist, dass diese Übersetzung, die vom OHR Department for Legal Affairs veröffentlicht wurde, tatsächlich Fußnoten enthält, die explizit die Unterschiede in den drei authentischen Versionen ansprechen und näher ausführen. So heißt es in der Fußnote 2 zur Beistrichsetzung in den drei Versionen:

> Nota Bene: The punctuation added in the Croat and Serb languages, but not in Bosnian, suggests that either the same text was edited by two or three different linguists who abide by slightly different semantic and syntactic standards or that the editor(s) had an avid desire to reflect any kind of differences in three languages just in order to justify their proof-reading engagements. Generally speaking, according to the

> current rules of grammar, in addition to morphological and lexical differences, the three languages do have some minor syntactic differences too, but normally they can hardly be reflected in terms of punctuation. However, knowing how sensitive the constitutional matter always is, and how restricted we are by the past misconceptions, blunders and attempts to employ some witty weasel-wording arrangements in the translations of the Dayton Constitution and of the Brcko Award, there should be no major differences at least in terms of punctuation and the three versions should have the same punctuative distribution just for the sake being consistent throughout. (OHR 2009)

Die Übersetzer:innen stellen hier ganz klar die sprachliche Kompetenz der Verfasser:innen des Amendements I, also des Originaltexts, in Frage. Eine Parallele lässt sich zu den OHR-Übersetzungen ziehen: Auch hier scheinen Unterschiede zwischen der bosnischen, kroatischen und serbischen Version an vielen Stellen aus Prinzip geschaffen worden zu sein, einfach nur, damit es so viele wie möglich davon gibt.

2.5 Schlüsselkonzepte

2.5.1 Rechtsstaatlichkeit

Schon seit Aristoteles dominiert in der politischen Philosophie die Idee der Gesetzesherrschaft, die als Schutz der Bürger:innen vor der Willkür der Regierenden gesehen wird (vgl. Nádrai 2001: 14).

Ein Rechtssystem besteht aus öffentlichen Regeln, die an rationale Personen gerichtet sind und deren Verhalten regulieren sollen, um für das Gemeinwohl zu sorgen und soziale Zusammenarbeit zu ermöglichen. Rechtsstaatlichkeit bedeutet, diese Regeln unparteiisch zu befolgen. Wenn die Regeln in einem System von Bestechung, Drohungen, Vorurteilen, Befangenheit und Ähnlichem beeinflusst werden, dann herrscht in diesem System keine Rechtsstaatlichkeit (vgl. Reidy 2014: 745). Rechtsstaatlichkeit gewährleistet eine gesetzmäßige

Ordnung, Rechtssicherheit, Gewaltenteilung, prozedurale Gerechtigkeit und die Unabhängigkeit der Gerichte (vgl. Nádrai 2001: 14).

Der souveräne Staat Bosnien und Herzegowina verpflichtete sich mit der Unterzeichnung der Verfassung als Völkerrechtssubjekt zur Achtung der Rechtsstaatlichkeit. In der bosnischen und der kroatischen OHR-Übersetzung ging dieses Konzept jedoch verloren. Interessant ist auch die Definition der Rechtsstaatlichkeit auf der Webseite der UNO, die ja maßgeblich in der Geschichte des heutigen Bosnien und Herzegowinas mitgewirkt hatte. Die Vereinten Nationen definieren Rechtsstaatlichkeit folgendermaßen:

> For the United Nations (UN) system, the rule of law is a principle of governance in which all persons, institutions and entities, public and private, including the State itself, are accountable to laws that are publicly promulgated, equally enforced and independently adjudicated, and which are consistent with international human rights norms and standards. It requires measures to ensure adherence to the principles of supremacy of the law, equality before the law, accountability to the law, fairness in the application of the law, separation of powers, participation in decision-making, legal certainty, avoidance of arbitrariness, and procedural and legal transparency. (United Nations o.J.)

Steiner (2015) legt nahe, „für die Auslegung des Rechtsstaatsbegriffs nach Art. I.2. BiHV auch die Rechtsprechung des EGMR zum Rechtsstaatsbegriff der EMRK heranzuziehen“ (Steiner 2015: 68), da die Verfassung die Europäische Menschenrechtskonvention samt Zusatzprotokollen inkorporiert (vgl. Steiner 2015: 68).

Per definitionem hält sich die Verfassung also nicht an die in ihr selbst ausgerufene Rechtsstaatlichkeit, nicht einmal in ihrem Original, denn wie bereits erläutert, wird sie keineswegs den internationalen Menschenrechtsnormen und -standards gerecht. Außerdem kann sie aufgrund der sprachlichen Barriere der Bevölkerung zum Verfassungstext auch nicht transparent sein.

2.5.2 Die Konstitutivität der Völker

Trnka (2009) beschreibt das Recht der „konstitutiven Völker" als kollektives nationales Recht der in der Verfassung explizit genannten Völker (Bosniak:innen, Kroat:innen und Serb:innen). Laut ihm ist das Recht der „konstitutiven" Völker enger abgesteckt als der Souveränitätsbegriff, aber breiter gefasst als das individuelle Recht auf Ausdruck der nationalen Identität. Er führt weiter aus, dass es laut Verfassung unmöglich ist, dass eines der Völker alleinig bestehende Vorzüge genießt, da alle „konstitutiven Völker" gleichberechtigt sind. Die Rechte der „konstitutiven Völker" werden also in Zusammenarbeit und Interdependenz verwirklicht, durch die gemeinsame Präsenz in den Staatsorganen und die entsprechende Teilhabe an Entscheidungsprozessen. Keines der Völker hat Anspruch auf Souveränität in dem Sinne, dass es über die höchste und unteilbare Gewalt verfügt, über ein exklusives Territorium oder die Verantwortung für die Bevölkerung auf einem solchen Territorium. Konstitutivität impliziert die gleiche Beteiligung von Delegierten der „konstitutiven Völker" an der verfassungsgebenden Gewalt. Die Verfassung garantiert eine entsprechende Vertretung der „konstitutiven Völker" in den Staatsorganen. Es existieren also keine traditionellen Formen der demokratischen Entscheidungsfindung. Dieser Umstand resultiert in einem ineffizienten System und der Unmöglichkeit, die Bedingungen für einen EU-Beitritt oder andere euroatlantische Integrationen zu erfüllen. Die verfassungsrechtliche Stellung der „konstitutiven Völker" diskriminiert alle Bürger:innen, die nicht diesen drei Volksgruppen angehören. Angehörige der anderen Völker, beziehungsweise der Minderheiten, sind sogar davon ausgeschlossen, als Staatspräsidiumsmitglied oder als Delegierte:r des Hauses der Völker der Parlamentarischen Versammlung zu kandidieren. Die Interessen der *Anderen* werden auch in vielen anderen Staatsorganen ignoriert. Dies steht in direktem Gegensatz zur Allgemeinen Erklärung der Menschenrechte, die Bosnien und Herzegowina formell angenommen hat. Trnka (2009) sieht die Institution des „konstitutiven Volkes" als vorübergehende Kategorie im Zeitraum bis zur Schaffung einer wahrhaft demokratischen Gesellschaft, in der Rechtsstaatlichkeit sowie der Schutz der Menschenrechte im gesamten Staatsgebiet und ohne Diskriminierung versichert werden sollen (vgl. Trnka 2009: 50ff.).

Laut Vajzović (2010) interpretiert die Verfassung die Konstitutivität als souveränes Recht des autochthonen Volkes/der autochthonen Völker, über die Gründung, die Organisation, das Funktionieren und den Status des Staates zu entscheiden (vgl. Vajzović 2010: 99).

Efendić (2018) beschreibt den Begriff „Konstitutivität der Völker“ als neuen Begriff in der Verfassungs- und Politiktheorie und der dazugehörigen Praxis. Er fand zwar schon früher in Jugoslawien Verwendung, allerdings nur als politische Kategorie. (vgl. Efendić 2018: 64). Tatsächlich findet sich der Schlüsselbegriff *constituent peoples* bereits in Artikel I des Washington Agreements, welches mit der Gründung der Bosnisch-Kroatischen Föderation im Jahr 1994 den Krieg im Krieg zwischen der Regierungsarmee des völkerrechtlich anerkannten Staates Bosnien-Herzegowina und der sezessionistischen „kroatischen Verteidigungstruppe“ HVO beendete (vgl. United Nations 1994).

Aus theoretisch-rechtlicher Sicht ist die „Konstitutivität der Völker“ jedenfalls noch unerforscht und auch in den politischen Systemen und Verfassungen westlicher Demokratien unbekannt. Wie Trnka betrachtet auch Efendić (2018) die „Konstitutivität der Völker“ als vorübergehend und nur dadurch gerechtfertigt, dass durch dieses Konzept der Krieg beendet und für nachhaltigen Frieden und Sicherheit gesorgt werden sollte. Diskriminierung wurde dadurch jedoch nicht beseitigt, sondern erst geschaffen und intitutionalisiert. Zwei bosnisch-herzegowinische Staatsbürger, der Roma Dervo Sejdić und der Jude Jakob Finci, brachten diese Diskriminierung soagar vor Gericht, als sie beim Europäischen Gerichtshof für Menschenrechte Klage gegen die bosnische Verfassung einlegten, weil sie als Angehörige von Minderheitengruppen kategorisch vom passiven Wahlrecht ausgeschlossen sind. Der EGMR stellte schließlich eine Verletzung der Rechte von Minderheiten in Bosnien und Herzegowina fest. Folglich ist auch in den Augen des EGMR das Prinzip der „Konstitutivität der Völker“ beispielsweise im passiven Wahlrecht diskriminierend und nicht mit den internationalen Menschenrechtsstandards kompatibel. Diese Tatsache wurde bereits in mehreren Rechtsfällen bewiesen. Das Prinzip der „Konstitutivität der Völker“ stellt so wie es derzeit angewandt wird eine Hürde in der Entwicklung Bosnien und Herzegowinas dar, ein moderner demokratischer Staat zu werden (vgl. Efendić 2018: 64ff.).

Ademović & Steiner schreiben im Kapitel zu „constituent power" ihres Verfassungskommentars Folgendes:

> If there are special rights for representation and participation of the constituent peoples, applicable to the procedures of election and appointment to the positions in some State institutions, then these special rights in no way may be applied also for other institutions or procedures. On the contrary, these special collective rights have to be narrowly contrued because of a possible collision with non-discrimination. (Ademović & Steiner 2010: 67)

Die verfassungsrechtliche Legitimation der konstitutiven Völker führt demnach zwar nicht in allen Bereichen der politischen Partizipation und als Gruppenrecht per se zu ethnischer Diskriminierung, in einigen wichtigen Belangen jedoch sehr wohl. Auch die in der dritten Teilentscheidung im Fall U-5/98 vom bosnischen Verfassungsgericht ausgeführte Judikatur vom Juli 2000, die allgemein in der Öffentlichkeit als „contituent peoples"-Fall bekannt ist, beschäftigt sich mit dieser Frage. Darin hält das Verfassungsgericht zwar zentral fest, dass die verfassungsrechtliche Verankerung von Gruppenrechten nicht an sich eine Verletzung von Menschenrechten darstellt, sehr wohl aber Gruppenrechte und individuelle Menschenrechte im Einzelfall abgewogen werden müssen, um ethnische Diskriminierung zu verhindern (vgl. USBIH 01.07.2000, U-5/98-III), bietet aber keine Lösungen für den Missbrauch der Konstitutivität der Völker in konkreten Fällen der Diskriminierung, wie sich neun Jahre später bei Sejdić & Finci zeigen wird.

Nicht umsonst forderte der EGMR eine Korrektur der Verfassung, die jedoch nicht erreicht werden konnte, obwohl die EU Bosnien und Herzegowina diesbezüglich im ersten Vor-Beitritts-Prozess Druck machte (vgl. Steiner 2015: 92).

Efendić (2018) begibt sich in seiner Analyse zur „Konstitutivität der Völker" auch auf die sprachliche Ebene. Er leitet das Wort *konstitutiv* etymologisch vom lateinischen Wort *constituo* ab, das als Verb *aufstellen, einrichten, festlegen* (Pons o.J.a) bedeutet, während das Nomen *constitutio* die Bedeutungen *Beschaffenheit, Einrichtung, Verfassung, Verordnung, Anordnung* (Pons o.J.b) trägt.

Er führt weiter aus, dass einige Autor:innen zwischen den Termini *konstitutiv* und *konstituent* unterscheiden, in dem Sinne, dass es sich beim *konstitutiven Volk* um ein verfassungsgebendes, staatenbildendes Volk handelt, ohne welches keine Verfassung gegeben oder geändert werden kann, während das *konstituente Volk* vor allem im soziopolitischen Kontext als ein Volk verstanden wird, das als Teil einer Gesellschaft oder eines Staates existiert (vgl. Efendić 2018: 70). Wie bereits erläutert ist jedoch dieser rein sprachliche Zugang für die Feststellung einer Bedeutungsäquivalenz nicht der richtige.

Später sollen weitere öffentlich publizierte Meinungen über die Übersetzung der Verfassung näher ausgeführt und analysiert werden. Wir halten fest: Der Begriff *konstitutivni narodi* (dt. *konstitutive Völker*) scheint bereits *vor* der Verfassung in amtlichen Dokumenten auf und findet somit Einzug in den politischen Diskurs, denn schon in Jugoslawien wurde die ethnische Zugehörigkeit der Bürger:innen amtlich verzeichnet (vgl. Haverić 2006: 56ff.). Der englische Verfassungsterminus *constituent peoples* hingegen stellt eine sprachliche Neuerscheinung dar, die zwar nicht erst im Zuge der Verhandlungen in Dayton-Ohio, sehr wohl aber im internationalen Kontext (beginnend mit dem beretis erwähnten Abkommen von Washington) verfassungsrechtlich geprägt wurde.

Bei den *constituent peoples* handelt es sich also um ein neues Konzept, für welches auch erst eine geeignete Benennung gefunden werden muss(te). Reinart (2014) erwähnt diesen Bedarf der Benennungsfindung im Kontext der Herstellung neuer technischer Produkte oder der Kreierung innovativer wissenschaftlicher Verfahren. Oft prägen die beteiligten Wissenschschaftler:innen oder Erfinder:innen diese Benennungen, ohne sich davor terminologisch gründlich mit ihnen auseinandergesetzt zu haben. Folglich müssen auf diese Weise eingeführte Benennungen oft und über einen längeren Zeitraum hinweg revidiert werden, um sich sprachlich und somit gesellschaftlich zu etablieren. Bis das geschieht, kann es sogar mehrere Benennungsvorschläge geben, die gleichzeitig verwendet werden (vgl. Reinart 2014: 107). Auch Littmann (1981) beschreibt diesen Prozess:

> Der Prozeß des Beschreibens, Klassifizierens und Erklärens von Tatsachen und Zusammenhängen verläuft immer schneller, immer mehr

> Menschen sind unmittelbar und mittelbar mit ihm befaßt. Immer mehr Gegenstandsbereiche werden erschlossen. Immer kürzer wird der Zeitraum, der vergeht, ehe eine wissenschaftliche Neuerung sich im Produktionsbereich bemerkbar macht.
>
> All das heißt aber: In immer stärkerem Maße werden Anforderungen an die Sprache gestellt. Der Prozeß der „Umgestaltung derjenigen Sprache, die wir immer schon sprechen und verstehen" wird sich in seinem Ablauf immer mehr beschleunigen, denn der „Sprachbedarf" ist angesichts der angedeuteten Entwicklung ungeheuer groß. (Littmann 1981:11f.)

Hieraus ergibt sich für die *constituent peoples* folgender Gedankengang: Es handelt sich um ein neues Rechtskonzept mit einer neuen Benennung, die jedoch zugleich auch ein Verfassungsterminus und dementsprechend nicht so leicht veränderbar ist. Das erschwert den von Reinart beschriebenen Etablierungsprozess. Weil nun der Diskurs über die Verfassung in erster Linie nicht auf Englisch, sondern in den Landessprachen Bosnisch/Kroatisch/Serbisch ausgetragen wird, wurde der Etablierungsprozess scheinbar auf die *Übersetzungen* des eigentlichen neuen Begriffs übertragen. Das bedeutet, dass die „Konstitutivität der Völker", die in der Mehrheitsgesellschaft als unhinterfragter Verfassungsterminus gilt, von einigen „belegt" und kritisiert (z.B. Efendić 2018) und von einigen Intellektuellen von Grund auf in Frage gestellt und als Übersetzungsfehler dargestellt wird (mehr dazu im weiteren Verlauf der Arbeit). Es wäre also notwendig, zuerst den neuen Verfassungsbegriff *constituent peoples* in seiner Originalsprache genau zu definieren. Denn gäbe es diese Definition, könnte auch die Übersetzung transparenter beurteilt werden, wie dies beispielsweise mit den Übersetzungen des Begriffs *rule of law* getan werden kann. Das Europäische Parlament bietet auf seiner Plattform, wo es Fragen der Europaabgeordneten und die dazugehörigen Antworten der Europäischen Kommission publiziert, lediglich eine Kritik des herrschenden Begriffsverständnisses. Dort heißt es in der Frage der ehemaligen kroatischen Abgeordneten und nun Vizepräsidentin der Europäischen Kommission Dubravka Šuica aus dem Jahr 2017:

During the Committee on Foreign Affairs debate on the draft Bosnia and Herzegovina progress report held on 30 January 2017, a Commission representative commented on the use of the phrases 'constituent people' and 'equality of constituent peoples', which are taken from the Dayton Agreement. The representative stated that those phrases had led to 'discrimination on grounds of ethnicity, which is apparent in the Sejdić-Finci judgment' and other judgments, adding that it is 'necessary to reduce the ethnic elements in the Constitution and increase the civic elements'.

Given that the Committee on Foreign Affairs adopted the Bosnia and Herzegovina progress report on 31 January 2017, that previous EU resolutions have mentioned the principles of federalism, decentralisation and subsidiarity, and that both the Dayton Agreement and the Commission's progress reports mention 'constituent peoples', could the Commission please explain its statement made during the debate? (European Parliament 2017a)

Die Antwort des ehemaligen Kommissars für Erweiterung und Europäische Nachbarschaftspolitik Johannes Hahn lässt zumindest in Bezug auf eine Definitionsfindung zu wünschen übrig:

Discrimination on grounds such as ethnicity is explicitly forbidden under EC law. The European Court of Human Rights has taken the same position in several judgments which remain to be implemented by Bosnia and Herzegovina.

As for any aspiring member of the European Union, the Commission expects that Bosnia and Herzegovina progressively aligns its legal system with the requirements of the EU acquis. It is up to the authorities of Bosnia and Herzegovina to find legal solutions compatible with the EU principles providing for the equality of citizens irrespective of their ethnicity.

The Commission will thoroughly assess Bosnia and Herzegovina's legal framework against the EU acquis, and will report on the merits of its application for EU membership in the opinion that it will prepare, in line with the EU Council conclusions of 20 September 2016.

The Commission will continue supporting Bosnia and Herzegovina's efforts to further advance towards the EU, in line with its citizens' expectations. (European Parliament 2017b)

In der Terminologiedatenbank der Europäischen Union *IATE* gibt es keinen Eintrag zu *constituent peoples*. Lediglich *constituent people* ist in der Datenbank enthalten, die dazugehörige deutsche Übersetzung lautet *Staatsvolk* (IATE o.J.).

Das Konzept der *constituent peoples* ist also in aller Munde, aber niemand weiß so recht (oder möchte nicht wissen?) was es denn eigentlich bedeutet. Haverić (2006) bringt die Sache auf den Punkt wenn er sagt, dass die unterschiedliche Interpretation und Verwendung einiger Schlüsselbegriffe seitens der politisch-rechtlichen Akteur:innen auf die Unterschiedlichkeit und manchmal vollkommene Gegensätzlichkeit der Interessen ebendieser Akteur:innen hinweisen (vgl. Haverić 2006: 33). Näher auf diese Interessen einzugehen wäre zwar ein überaus verlockendes und interessantes Vorgehen, welches jedoch den hier vorgegebenen Rahmen sprengen würde. Vielleicht weckt diese Arbeit jedoch im Kreise der Rechts- und Politikwissenschaftler:innen das Interesse, dieser Frage auf den Grund zu gehen.

Vor einigen Jahren kam das Thema „konstitutive Völker" erneut zur Sprache, nachdem das Europäische Parlament am 24. Juni 2021 eine Entschließung zu den Berichten 2019–2020 der Kommission über Bosnien und Herzegowina veröffentlicht hatte. In dieser Entschließung werden die Punkte Aussöhnung, Funktionsweise demokratischer Institutionen, Rechtsstaatlichkeit, Grundrechte, Sozioökonomische Reformen, Konnektivität, Energie und Umwelt sowie Außenpolitik und Sicherheit behandelt. Es wird unterstrichen, dass die Europäische Union die Souveränität, territoriale Integrität und Unabhängigkeit Bosnien und Herzegowinas unterstützt. Verurteilt werden darin nationalistische Rhetoriken sowie die Leugnung von Kriegsverbrechen, zu welchen auch der Völkermord in Srebrenica gehört. Der heimischen Politik wird auferlegt, eine Verfassung hervorzubringen, die mit der Europäischen Menschenrechtskonvention in Einklang steht. Die kroatischen Abgeordneten zum EU-Parlament jedoch waren überhaupt nicht damit einverstanden, dass die „Konstitutivität der Völker“ nicht zu den erwähnten Punkten gehört. Während der Plenardebatte äußerte sich die kroatische Europaabgeordnete Željana Zovko etwa folgendermaßen:

> [...] In one minute, it is very difficult to say what will be the future of Bosnia and Herzegovina. I have here a colleague, Klemen Grošelj, who shared the same past 30 years ago. Milošević tried to abolish one people – a few people; we know how it resulted. There are some in this Parliament who are trying to abolish constituent people from Bosnia and Herzegovina. Reality. I'm just warning you, once this resulted in a really bad tragedy. Now people are leaving, young people are leaving. It's quite a shame that we are going against resolutions. Six years we were trying to put Bosnia and Herzegovina on the real path. If the constituent people concept is taken out of this resolution, I must say that we have not learned anything in these 30 years. And it's a real shame. [...] (Zovko: 2021)

Es scheint, als würden die EU und die Menschen „vor Ort“ zwei unterschiedliche Sprachen sprechen, als würden diese beiden Seiten aneinander vorbeireden...

2.6 Die Folgen der Übersetzungen

Dieses Kapitel soll sich den Folgen der Verfassungsübersetzungen widmen, die durch die Erforschung zweier Wirkungsbereiche aufgezeigt werden können.

Das sind

a) der öffentliche Diskurs über die Übersetzungen, der maßgeblich die öffentliche Meinungsbildung zu den Übersetzungen mitprägt,

und

b) die Arbeit des Verfassungsgerichtshofs. Wird diese auf Grundlage des Verfassungstexts abgewickelt, oder auf Grundlage der nicht authentischen Übersetzungen? Wie wird die Verfassung angewandt?

Dabei muss angemerkt werden, dass der Verfassungsdiskurs einerseits aus Texten besteht, die bewusst die Übersetzungsproblematik ansprechen und jenen, die eigentlich über die Übersetzungen schreiben, diese aber als „die Verfassung“ wahrnehmen. Die hier vorgenommene Analyse konzentriert sich auf erstere, deren gemeinsamer Ton ein kritischer ist. Den Inhalt und Kontext dieser Kritik gilt es jetzt näher zu erforschen. Vorerst soll aber die Methodologie dieses Vorgehens erläutert werden.

2.6.1 Methodologie

Die hier angewandte Methodologie stützt sich stark auf Diaz-Bone's *Kulturwelt, Diskurs und Lebensstil: Eine diskurstheoretische Erweiterung der Bourdieuschen Distinktionstheorie* (2010). Über Methodologie an sich schreibt er Folgendes:

> Der Methodologie kommt also für die tatsächliche Realisierung der Passung von Theorie und forschungspraktischer Anwendung die strategische Rolle zu. Sie ist im Wortsinn Methodo-Logie, wenn sie als die Instanz der forschungsbegleitenden Reflexion, gleichzeitig als die Vermittlung zwischen dem theoretischen Komplex und den eingesetzten konkreten Instrumenten und Techniken aufgefasst wird. (Diaz-Bone 2010: 184)

Zudem muss wissenschaftliches Denken (dass stets methodologisch begleitet bzw. geleitet wird) laut Diaz-Bone (2010) Abstraktionen hervorbringen und „theoretische Innovationen“ anstoßen. Diese Innovationen entstehen sozusagen als Nebenprodukt einer für eine bestimmte Fragenstellung entwickelten und anschließend auf diese Fragenstellung angewandten Methodologie. Diese Methodologie, die Diaz-Bone (2010) auch als „diskurstheoretische Perspektive“ bezeichnet, bewegt sich „in einem abgegrenzten Aussagenfeld“ und will darin ausfindig machen, was in einem bestimmten Diskurs thematisiert, problematisiert, klassifiziert, nebeneinandergestellt oder ausgeschlossen wird. Auch die Zeitdimension nach Foucault ist hierbei relevant, da sie zeigt, wie bestimmte Ereignisse einen Diskurs beeinflussen und auch verändern können. Diaz-Bone (2010) weist außerdem darauf hin, dass bereits in einem Diskursausschnitt erkannt werden kann, welche Begriffe in welchem Zusammenhang zueinander vorkommen und dass dieses Netzwerk schon im Rahmen dieses einen Ausschnitts analysierbar ist (vgl. Diaz-Bone 2010: 185ff.). Von diesen Gedanken lässt sich auch diese Arbeit leiten, zum einen weil der öffentliche Diskurs über die Übersetzungen relativ neu ist (und somit eine Berücksichtigung der Zeitdimension als überflüssig erscheinen lässt) und zum anderen weil in den aufgefundenen Diskursfragmenten bestimmte Aussagen wiederholt vorkommen. Es gilt auch, die Beziehungen der einzelnen Diskursfragmente zueinander zu erforschen.

Bei der Textanalyse nach Diaz-Bone wird nach Begriffen im Diskurs gesucht, die durch ebendiesen Diskurs gebildet werden (vgl. Diaz-Bone 2010: 195). Dieser Gedanke ist im diskutierten Kontext besonders wichtig und soll im weiteren Verlauf auf das ausgewählte Textkorpus angewandt werden.

Die analytische Interpretation einer diskursiven Praxis erfordert Kunstfertigkeit, denn Neues muss erkannt und ins Wechselspiel zwischen Theorie und Praxis eingebettet werden. Das diskurstheoretische Grundmodell muss je nach untersuchtem Material darauf zugeschnitten werden. Es ist ein Organisieren und Verbinden verschiedener Elemente innerhalb eines Diskurses. Diaz-Bone (2010) hat hierfür eine schrittweise Anleitung entwickelt, um eine theoriegeleitete Textanalyse und ein systematisches Arbeiten zu ermöglichen. Die Techniken müssen dabei jeweils zu den theoretischen Ansätzen passen beziehungsweise diesen angepasst werden (vgl. Diaz-Bone 2010: 195ff.). Die Kodierstrategie beschreibt Diaz-Bone (2010) so:

> Es soll im Textkorpus das System der relevanten Aussagen identifiziert werden, so dass der in ihnen enthaltene Zusammenhang der Diskurselemente herausgearbeitet werden kann. […] Denn in der Textanalyse wird versucht, durch intensive Lesarten und angeleitet durch die Theorie einen „Anfangsverdacht“ über die (zunächst ausschnittsweise) Organisation von Diskurselementen zu erlangen. Hier sind die ersten

> Kennzeichnungen von Aussagen nur als Versuche anzusehen, eine Rekonstruktion im Textmaterial anzufangen. Diese Versuche sollen reversibel bleiben, wenn sich herausstellt, dass Anfänge sich nicht entwickeln lassen. Das Kodesystem wird schrittweise umfangreicher, da nach und nach organisierte Bereiche herausgearbeitet werden. Wird ein neuer Kode eingeführt, müssen die bisherigen Texte erneut durchgesehen werden, um zu prüfen, ob Aussagen enthalten sind, die den Kode betreffen. Sobald die Diskursanalyse einen weiteren interpretativen Schritt macht und eine Systematik sich abzuzeichnen beginnt, wird erneut ein ausreichend großer Teil des Textkorpus herangezogen, um diesen Schritt abzusichern. Das Textkorpus wird also nicht schrittweise abgearbeitet, sondern immer wieder durchgearbeitet. (Diaz-Bone 2010: 198)

Es ist also ein dynamischer, nicht linearer und vor allem nicht vorhersehbarer Prozess. In den als relevant identifizierten Textstellen soll nach Regelmäßigkeiten gesucht werden. Es soll analysiert werden, ob und wie bestimmte Begriffe und Strategien verwendet werden und ob sich bestimmte Sprecher:inneneigenschaften abzeichnen. Auch die formalen Textmerkmale sowie diskursive Ereignisse und Diskursstränge können in die Diskursanalyse einfließen. Das Erkennen von Regelmäßigkeiten im Diskurs ist ein guter erster Analyseschritt. Wenn größere Textmengen verwaltet werden müssen, kann unterstützend Textanalyse-Software herangezogen werden (vgl. Diaz-Bone 2010: 199f.). In dem für die hier vorliegende Arbeit gewählten Textkorpus lassen sich Regelmäßigkeiten sehr gut erkennen, sowohl begriffliche als auch strategische. Eine Analyse der Sprecher:inneneigenschaften sowie eine Recherche diskursiver Ereignisse sollen ebenfalls erfolgen. Da es sich nicht um größere Textmengen handelt, kann auf Textanalyse-Software verzichtet werden.

Nun sollen die methodischen Schritte in Anlehnung an Diaz-Bone's Anleitung zur Analyse von Kulturwelten formuliert werden. Dieser Ansatz ist geeignet, da er eine Position vertritt,

> die unter ‚Kultur' die Wissenskonstruktionen nicht nur in den Bereichen Kunst, Literatur, Musik und Malerei versteht sondern auch dieje-

> nigen in den sozialen Feldern wie Wissenschaft und Technologie, Medien und Unterhaltung, Recht, Erziehung und Ausbildung. (Diaz-Bone 2010: 141)

Das Analyseschema gestaltet sich wie folgt:

1. **Auswahl und Abgrenzung des Textkorpus**
   - Warum wurden diese Texte gewählt?
   - Wo wird in den Texten die diskursive Praxis sichtbar?
2. **Oberflächenanalyse abhängig vom Untersuchungsziel**
   - Welche Begriffe treten auf?
   - Welche Zuschreibungen finden statt (Eigenschaften, Qualitäten, Konzepte)?
   - Welche Themen(komplexe) werden gewählt und wie werden diese angesprochen?
3. **Interpretative Analyse und erneutes Durchsehen des Textkorpus**
   - Gibt es Regelmäßigkeiten bei der Erwähnung von Begriffen, Themen?
   - Wie sieht das Beziehungssystem zwischen den enthaltenen Begriffen/Konzepten aus?
   - Können Kohärenzen/Widersprüchlichkeiten identifiziert werden?
   - Gibt es Problematisierungen?
   - Lassen sich bestimmte Denkweisen und diskursive Strategien erkennen?
   - Schwingen bestimmte Gefühle mit (Gefühlsstruktur)?
   - Kann eine allgemeine Haltung beschrieben werden?
   - Welche Wissensordnung wird präsentiert?

Der erste Schritt erfolgt in der Einleitung des nächsten Kapitels, der zweite separat für jeden Text und der dritte am Ende unter Anbetracht des gesamten Textkorpus.

Der von Diaz-Bone (2010) in seinem letzten Schritt vollzogene Vergleich der Kulturwelten wird hier ausbleiben, da nur *eine* bestimmte Kulturwelt untersucht wird. Aus den vom Autor formulierten heuristischen Fragestellungen, die „die theoriegeleitete Exploration anleiten“ (Diaz-Bone 2010: 205) sollen, lassen sich einige weitere relevante Fragen ableiten; diese sollen nach Abschluss des zweiten Analyseschritts ebenfalls für jeden Text beantwortet werden:

- Was sind die Anlässe zur Veröffentlichung der gewählten Texte?
- Wie werden Leistung und Qualität der entstandenen „Kultur“ definiert? (In diesem Fall wird darunter die Leistung der Übersetzer:innen und somit die Qualität der Übersetzungen verstanden.)
- Welche Kriterien für gute und schlechte Übersetzungen werden aufgestellt?
- Wie wird die Rolle des „Publikums“ (hier die Bevölkerung Bosnien und Herzegowinas) thematisiert, wie soll das Publikum/die Bevölkerung mit den Übersetzungen umgehen?

(vgl. Diaz-Bone 2010: 201ff.)

Nun sollen die erläuterten methodischen Schritte in der Praxis angewandt werden.

2.6.2 Die öffentliche Übersetzungskritik

Insgesamt wurden sechs Artikel und ein Interview in das Textkorpus aufgenommen. Das Interview ist in der *Islamischen informativen Zeitung „Preporod“* erschienen, zwei Artikel auf dem Online-Portal der *Bosniakischen Kulturgemeinschaft „Preporod“ Bijeljina*, einer auf dem bosnischen Nachrichtenportal *vijesti.ba* und auf dem *Unabhängigen informativen Portal „Slobodna Bosna“*, einer im Online-Magazin *Buka* und einer wurde von der Nachrichtenagentur *Patria* veröffentlicht. Es wurden alle Texte, in welchen die Verfassungsübersetzung angesprochen wird und die über die zur Verfügung stehenden Mittel im Forschungszeitraum gefunden werden konnten, ins Korpus aufgenommen. In Text 2 wird zwar nicht explizit gemacht, dass es sich bei einer darin enthaltenen Begriffsanalyse um einen Begriff aus der Übersetzung handelt, dennoch wird sie dem Übersetzungsdiskurs zugerechnet, da der Autor (wenn auch zu diesem Zeitpunkt unbewusst) tatsächlich *die Übersetzung* und nicht *die Verfassung* analysiert. Allein diese Tatsache zeigt schon, wie gering das Bewusstsein über die Nichtexistenz eines bosnischen/koratischen/serbischen Verfassungstexts auch in Intellektuellenkreisen ist (oder zumindest im Jahr 2015 war, aus dem das Interview stammt). Das Analysematerial soll nun in chronologischer Reihenfolge aufgelistet und untersucht werden. Alle Texte sind im Original in bosnischer Sprache vorhanden und befinden sich mit Angabe ihrer Originaltitel in der Bibliographie.

Text 1: ***BUKA ANALYSE: Die Verfassung Bosnien und Herzegowinas nach zwei Jahrzehnten nach wie vor nur in englischer Sprache***[3], erschienen am 14.10.2013 auf *buka.com*, Autorin: Milica Plavšić

Wie der Titel schon sagt widmet sich dieser Artikel fast vollends der Übersetzungsproblematik der Verfassung Bosnien und Herzegowinas. Schon im Titel wird die diskursive Praxis zu diesem Thema sichtbar. Im weiteren Textverlauf weist die Autorin darauf hin, dass die zuständigen Organe trotz der Wichtigkeit des Rahmenabkommens für den Frieden in Bosnien und Herzegowina für die Bevölkerung auch nach zwei Jahrzehnten noch immer keine Übersetzungen dieses Dokuments (und somit auch der Verfassung) zur Verfügung gestellt haben. Es gibt keine offizielle Version des Rahmenabkommens in den Sprachen Bosnien und Herzegowinas und es sind verschiedene inoffizielle Übersetzungen in Verwendung. Als Ausnahme nennt die Autorin das *Amendment I* der Verfassung, welches in den Amtssprachen Bosnien und Herzegowinas verabschiedet wurde, während die englische Version dieses Amendements eine inoffizielle Übersetzung darstellt (vgl. Plavšić: 2013). Das *Amendment I* und seine Übersetzung ins Englische werden in einem anderen Kapitel behandelt.

Die Autorin schildert im weiteren Verlauf des Artikels den mit dem OHR-Büro und dem Justizministerium unternommenen Schriftverkehr zur Frage nach den Übersetzungen. Aus den von den Institutionen erhaltenen Antworten ergibt sich, dass seitens dieser beiden Institutionen bezüglich mehrerer Fragen Uneinigkeit herrscht (vgl. Plavšić: 2013).

3 Übers. E.D.

Das OHR-Büro behauptet, die englische Version des Daytoner Friedensabkommens (einschließlich der Annexe) sei die offizielle, authentische und von allen Parteien unterzeichnete Version. Es gäbe keine offizielle Übersetzung der Annexe und das Übersetzungsvorhaben sei in einem zusätzlichen Abkommen geregelt, laut welchem von den Vertragsparteien selbst Übersetzungen ins Bosnische, Kroatische und Serbische an das französische Außenministerium geliefert werden sollten. Das OHR behauptet, die bosnisch-herzegowinische Regierung mehrmals dazu aufgefordert zu haben, das Abkommen zu übersetzen. Eine Erfüllung dieser Aufgabe soll allerdings noch immer nicht erfolgt sein. Das französische Außenministerium warte auf die Einreichung der Übersetzungen, um weitere Aktivitäten für deren Authentifizierung einzuleiten, heißt es (vgl. Plavšić: 2013).

Das Justizministerium von Bosnien und Herzegowina andererseits pocht darauf, dass das Abkommen sehr wohl auch in den Landessprachen unterzeichnet wurde, diese Versionen jedoch niemals an die Öffentlichkeit kamen. Ein Zitat aus Artikel XI des GFAP untermauert diese Feststellung:

> This Agreement shall enter into force upon signature.
> DONE at Paris, this 14 day of December, 1995, in the Bosnian, Croatian, English and Serbian languages, each text being equally authentic. (OHR 1995)

Laut dem Justizministerium gab es seitens der Regierung Bestrebungen, an die Originalversionen der Übersetzungen zu kommen, unter anderem auch durch diplomatische Beziehungen mit jenen Staaten, die an der Erstellung der Verfassung beteiligt waren. Das Übersetzungsabkommen scheint dem Ministerium völlig unbekannt zu sein (vgl. Plavšić: 2013).

Es bleibt ein Mysterium, was mit diesen Originalversionen der Übersetzungen geschehen ist, falls sie überhaupt jemals existiert hatten, schreibt die Autorin des Buka-Artikels. Unter dem Abschnitt „Missbrauch der Übersetzungen“ führt sie folgende Aussage des Justizministeriums an:

> *„Der offizielle Text des angeführten Abkommens in englischer Sprache kann seitens autorisierter Übersetzer übersetzt werden. Eine solche Über-*

setzung kann für amtliche Zwecke verwendet werden, sowie die Übersetzung eines jeden Dokuments aus einer Fremdsprache, sie kann aber keinesfalls als offizielle Übersetzung gelten. Es gibt Übersetzungen der unterzeichneten englischen Version des Abkommens und als solche befinden sie sich in amtlicher Verwendung.[4]" (vgl. Plavšić: 2013)

Plavšić kritisiert diese Auffassung des Ministeriums. Sie weist darauf hin, dass es mehrere Übersetzungen eines Texts geben kann und dass Ungereimtheiten in der Übersetzung von Rechtstexten, die eine Berufungsgrundlage für bestimmte politische Entscheidungen darstellen, zu Verwirrungen in der Interpretation solcher Dokumente führen können. Im schlimmsten Fall, sagt sie, können solche Unklarheiten für politische und ideologische Zwecke missbraucht werden. Diesen Prozess beschreibt sie als „Politisierung von Übersetzungen". Diese Politisierung sieht sie auch im Übersetzen zwischen den Sprachen Bosnisch, Kroatisch und Serbisch, denn es besteht kein Konsens darüber, ob es sich um eigene Sprachen oder um eine polyzentrische Sprache mit mehreren Varianten handelt. Plavšić fordert in ihrem Text eine pragmatische Sprachen- und Übersetzungspolitik. Abschließend unterstreicht die Autorin, dass die Wenigsten wissen, dass die einzige offizielle Version der Verfassung von Bosnien und Herzegowina die englische ist und dass die staatlichen Institutionen inoffizielle Verfassungsübersetzungen verwenden. Diese können sehr unterschiedlich sein und unterliegen möglicherweise Manipulationen seitens der Übersetzer:innen, die im Falle von Zweideutigkeiten des Ausganstexts vor der Wahl stehen, eine bestimmte Interpretation zu favorisieren. Ob es tatsächlich bereits zur politischen Instrumentalisierung von Ungereimtheiten in der Übersetzung gekommen ist, weiß Plavšić laut eigener Angabe nicht, den Missbrauch der Verfassungsinhalte seitens der politischen Entscheidungsträger:innen bezeichnet sie als evident (vgl. Plavšić: 2013).

Im Text von Milica Plavšić treten die Begriffe offizielle Versionen, authentische Versionen, inoffizielle Übersetzungen, Authentifizierung, Originalversionen, Übersetzungsabkommen, Missbrauch der Übersetzungen, offizielle Übersetzung, Ungereimtheiten in der Übersetzung, Politisierung von

4 Übers. E.D.

Übersetzungen, Übersetzungspolitik, Manipulationen, Zweideutigkeiten und politische Instrumentalisierung auf. Den inoffiziellen Übersetzungen werden mögliche Ungereimtheiten und Manipulationen zugeschrieben, was als Politisierung von Übersetzungen bezeichnet und als Missbrauch verstanden wird. Das Thema Politik ist zentral und wird in engem Zusammenhang mit der Übersetzung der Verfassung angesprochen (vgl. Plavšić: 2013).

Ein möglicher Anlass zur Veröffentlichung des Texts ist die Volkszählung in Bosnien und Herzegowina im Jahr 2013. Die Zeit der Volkszählung war allgemein geprägt von politischen Ressentiments, vor allem in Bezug auf die ethnische Zugehörigkeit der Bürger:innen, da diese in der Volkszählung eine wichtige Rolle spielte. Es ist also vollkommen logisch, dass eine Journalistin in dieser Zeit den wichtigsten Rechtstext des Staates etwas genauer unter die Lupe nimmt. Ob die Volkszählung der tatsächliche Anlass zur Veröffentlichung des Texts ist, ist jedoch nichts weiter als eine Annahme. Auf die Frage nach der Qualität der Übersetzungen hingegen gibt es im Text eine klare Antwort: Sie wird als äußerst mangelhaft wahrgenommen. Den Übersetzer:innen wird Manipulation unterstellt. Als gute Übersetzungen würden die nicht existenten authentifizierten Übersetzungen gelten, als schlechte gelten jene, die von politischen und ideologischen Ideen geleitet entstanden sind. Das Publikum/die Bevölkerung nimmt in Plavšićs Artikel die Rolle einer unwissenden Masse ein, die manipulierbar ist und als solche dazu aufgerufen wird, sich kritisch mit der Verfassung und deren Übersetzungen auseinanderzusetzen.

Text 2: ***Kurtćehajić: Das Zerbrechen Bosniens können wir in die entgegengesetzte Richtung lenken***[5], erschienen am 01.11.2015 in der Zeitung *Preporod*, Autor: Selman Selhanović

Bei diesem Text handelt es sich um ein Interview mit dem Professor für Politikwissenschaft und Doktor der Rechtswissenschaften prof. dr. Suad Kurtćehajić. Dieser Text ist aufgrund der darin enthaltenen Analyse des Begriffs „konstitutive Völker“ (bzw. „konstitutivni narodi“) relevant, der als solcher ein aus den Übersetzungen entnommener und seitdem im öffentlichen Diskurs verwen-

5 Übers. E.D.

deter Begriff ist. Laut Kurtćehajić ist dieser Begriff eine Novität und existiert in keiner anderen Verfassung Bosniens seit dem Zweiten Weltkrieg. Diesem neuen Begriff stellt er den bereits vor der aktuellen Verfassung etablierten Begriff „gleichberechtigtes Volk“ (bzw. „ravnopravan narod“) entgegen. Kurtćehajić liefert auch eine sprachliche Definition des Adjektivs „konstitutiv“ (bzw. „konstitutivan“): Laut ihm ist ein „konstitutives Volk“ ein Volk, welches an der Konstituierung eines bestimmten Raumes (in diesem Fall an der Konstituierung des Staates Bosnien und Herzegowina) beteiligt war. Die in der Verfassung gewählte Terminologie sei ein Betrug, der leider von vielen Politiker:innen und Intellektuellen unbemerkt geblieben war (vgl. Selhanović: 2015).

Folgende diskursrelevante Begriffe lassen sich in diesem Interview verzeichnen: das Zerbrechen Bosniens, politische Manipulation, terminologische Manipulation, Terminus „konstitutives Volk“, Betrug, Verfassungen Bosniens, Terminus gleichberechtigtes Volk, Europäische Menschenrechtskonvention, verfassungsmäßige Ordnung, Verletzung der grundlegenden Menschenrechte, Sejdić und Finci, Klage, Phantomstaat, historische Wahrheit, künstliche Sprache, tatsächliche Absichten der Initiatoren, Internationaler Gerichtshof, Nationen, Völker, ethnisch und national, internationale Dokumente, langjährige politische Ziele, Bewusstsein, Bewusstwerdungsprozess (vgl. Sehanović: 2015).

Im Jahr 2015, dem Erscheinungsjahr dieses Interviews, veröffentlichte die Europäische Kommission im Rahmen der EU-Beitrittsverhandlungen einen Bericht über Bosnien und Herzegowina. Möglicherweise hat dieses diskursive Ereignis das Thema der Verfassung und ihrer Begrifflichkeiten erneut in die Öffentlichkeit gebracht und so auch diese Publikation hervorgerufen. Auf die Qualität der Verfassungsübersetzungen geht Kurtćehajić in seinen Antworten nur indirekt ein, da er zwar die problematischen Begriffe kritisiert, diese jedoch nicht als übersetzte Begriffe, sondern als tatsächliche Verfassungsbegriffe wahrnimmt. In den Augen von Kurtćehajić befindet sich das Publikum/die Bevölkerung in einem lange andauernden Bewusstwerdungsprozess.

Text 3: ***Konstitutive Völker – ein erfundener und verfassungsmäßig nicht existenter Begriff***[6], erschienen am 09.03.2018 auf *vijesti.ba*, Autor: Dr. Slaven Kovačević

Diesen Artikel widmet der Politikwissenschaftler und Berater des Präsidiumsmitglieds Željko Komšić Dr. Slaven Kovačević vollends der Übersetzungsproblematik. Gleich zu Beginn behauptet der Autor, dass die Verfassung schon 22 Jahre lang falsch interpretiert wird und dass laut OHR alle Annexe des GFAP (und somit auch die Verfassung) unübersetzt geblieben sind, was die englische Version der Verfassung zur einzigen offiziellen Version macht. Hierbei zitiert er eine Aussage des OHR, in welcher das Abkommen über die Übersetzung der Annexe und die Unfähigkeit der bosnisch-herzegowinischen Regierung, eine bosnische Übersetzung zu liefern, angesprochen wird (vgl. Kovačević: 2018a).

Im nächsten Absatz geht Kovačević in medias res und nimmt sich das Adjektiv *konstitutivni* vor. In seinen Beobachtungen setzt er *konstitutivni* mit *constitutive* gleich und führt sodann einen vollkommen neuen Begriff in den Diskurs ein: Er behauptet, das Äquivalent zum englischen *constituent* (aus der Verfassung) sei der Terminus *konstituentni*. Nicht nur sprachlich, sondern vor allem rechtlich betrachtet habe diese Übersetzung eine vollkommen andere Bedeutung. Kovačević ist der Überzeugung, dass die Politik jahrzehntelang absichtlich und von bestimmten Interessen geleitet einen falschen Terminus verwendet (*konstitutivni*) (vgl. Kovačević: 2018a).

Der Autor verweist auch auf die Webseite des Verfassungsgerichtshofs, auf welchem „Sie irgendeine freie Übersetzung der Verfassung von Bosnien und Herzegowina finden können (wahrscheinlich von irgendeinem Kind in Heimarbeit übersetzt)" (Kovačević: 2018a). Er nennt sogar explizit Entscheidungen des Verfassungsgerichtshofs, in welchen nicht die Verfassung, sondern die inoffiziellen Übersetzungen zitiert werden. Tatsächlich wird beispielsweise in der offiziellen Entscheidung des Verfassungsgerichtshofs U-23/14 vom 01.12.2016 unter Punkt 47 die Übersetzung und nicht die Verfassung zitiert, und zwar jene Stelle, wo die Rechtsstaatlichkeit vollkommen verloren gegangen ist (USBIH 01.12.2016, U-23/14). Diese Tatsache diskutiert auch Kovačević in seinem Ar-

6 Übers. E.D.

tikel. Er führt dazu weiter aus, dass der Terminus *Rechtsstaatlichkeit* aus dem angelsächsischen Rechtskreis stammt und als solcher Teil einer bestimmten Terminologie ist, die sich durch das gesamte GFAP und somit auch durch die Verfassung zieht. Diskriminierung und Rechtsunsicherheit seien Folgen der Verfassungsübersetzungen, so der Autor (vgl. Kovačević: 2018a).

Diskursrelevante Begriffe in diesem Artikel sind: Terminus „konstitutive Völker", nichtexistenter Terminus, OHR, unübersetzt, offizielle Version (der Verfassung), offizielle Übersetzung, (falscher/nichtexistenter) Terminus „konstitutive", Terminus „konstituENte", sprachliche und rechtliche Bedeutung, politische Eliten, mehrere inoffizielle Übersetzungen, politischer Nutzen, Verfassungsgerichtshof, freie Übersetzung, Rechtsunsicherheit, Rechtsstaatlichkeit, Enttäuschung, Europäischer Gerichtshof für Menschenrechte, Sejdić und Finci, Diskriminierung, falsche Interpretation (vgl Kovačević: 2018a).

Dieser Artikel ist im Wahljahr 2018 vor den Wahlen erschienen. Da der Autor selbst politisch aktiv ist, können die Wahlen definitiv als diskursives Ereignis charakterisiert werden. Zur Frage nach der Qualitätskontrolle der Übersetzungen in diesem Artikel lässt sich sagen, dass sie das Hauptthema darstellt. Das Publikum/Die Bevölkerung wird vom Autor direkt angesprochen, wenn er schreibt: „Bringt uns der Verfassungsgerichtshof damit in einen Zustand der Rechtsunsicherheit? Schlussfolgern Sie selbst, verehrte Leser."[7]

Text 4: ***RECHTSEXPERTE SLAVEN KOVAČEVIĆ: „Konstitutive Völker – ein erfundener und verfassungsmäßig nicht existenter Begriff"!***[8], erschienen am 10.03.2018 auf *slobodna-bosna.ba,* Autor: Dr. Slaven Kovačević

Bei diesem Text handelt es sich um den soeben diskutierten Artikel, der hier lediglich einen Tag später auf einem anderen Portal nochmals veröffentlicht wurde. Der Vollständigkeit halber ist auch diese Veröffentlichung in der Bibliographie unter (Kovačević: 2018b) auffindbar.

7 Übers. E.D.

8 Übers. E.D.

Text 5: ***Das Bürgerliche und das Unitäre***[9], erschienen am 06.08.2018 auf *preporodbn.com*, Autor: Dr. Slaven Kovačević

Auch in diesem Text weist Kovačević darauf hin, dass die 11 Annexe der Verfassung nie offiziell übersetzt wurden und dass diese dementsprechend nur in englischer Sprache authentisch sind. Er hebt die Stelle hervor, in der *rule of law* vorkommt und bietet eine eigene Übersetzung dafür an, um später die Rechtsstaatlichkeit in Bosnien und Herzegowina zu diskutieren. In diesem Kontext führt er die Existenz von verschiedenen Übersetzungen an, die unter anderem auf der Webseite des Verfassungsgerichtshofs zu finden sind und in welchen diese Textstelle anders übersetzt wurde. Das Fehlen des Rechtsstaatlichkeitskonzepts in diesen Übersetzungen ist in dieser Arbeit bereits an anderer Stelle diskutiert worden. Außerdem bietet der Autor (wie auch in Text 4) für *constituent peoples* die Übersetzung *konstituentni narodi* an, eine vollkommen neue Lösung (vgl. Kovačević: 2018c).

Auch diesem Artikel lassen sich die immer wiederkehrenden diskursrelevanten Begriffe entnehmen: (politische) Manipulation, Schutz der (grundlegenden) Menschenrechte, Rechtsstaatlichkeit, Ursprungsbegriff aus dem angelsächsischen Recht, Rechtsterminologie, „Rechtsstaat“, Recht und Gerechtigkeit, Verfassung von Bosnien und Herzegowina, Annex IV des Daytoner Friedensabkommens, internationales Abkommen, Allgemeines Rahmenabkommen für den Frieden, offiziell übersetzt, offizielle Version, Hoher Repräsentant, Übersetzungskommission, Rechtssicherheit, Verfassungsgerichtshof, OHR, politische Szene, „konstitutive Völker“, Präambel der Verfassung, acquis communautaire, Konstrukt, Ethnopolitiken (vgl. Kovačević: 2018c).

Dieser Artikel erschien ebenfalls im Wahljahr 2018. Er enthält Elemente der Qualitätskontrolle der Übersetzungen und auch hier richtet sich der Autor abschließend mit einem Appell an seine Leser:innen.

9 Übers. E.D.

Text 6: ***Intellektuelle sandten offenen Brief an Valentin Inzko***[10], erschienen am 02.11.2018 auf *nap.ba*

Unter diesem Titel wurde auf dem Nachrichtenportal *Patria* jener offene Brief veröffentlicht, den die Vereinigung unabhängiger Intellektueller *Krug 99* an den damaligen Hohen Repräsentanten Dr. Valentin Inzko sandte. Das Hauptanliegen ist der Missbrauch der unterschiedlichen Verfassungsversionen und der daraus resultierenden Rechtspraxis. Im Brief selbst berufen sich die Autor:innen auf einen anderen Brief, in welchem ein gewisser Herr Esad Jaganjac sich bezüglich der Nichtexistenz einer offiziellen Übersetzung bereits ans OHR gewandt hatte. Die Verfasser:innen des offenen Briefs sind sich der inoffiziellen, vom OHR initiierten Übersetzungen bewusst und drücken ihre Besorgnis in Bezug auf die Existenz mehrerer unterschiedlicher Übersetzungen aus, die in der Politik verwendet werden und laut *Krug 99* „den eigenen politischen Zwecke der politischen Eliten dienen". Im Brief wird darauf hingewiesen, dass der Verfassungsgerichtshof auf seiner Webseite drei verschiedene Übersetzungen präsentiert, was alle Bürger:innen in einen Zustand der permanenten Rechtsunsicherheit bringe. Es werden die Worte des OHR zitiert, wonach die englische Version die einzige offizielle bleibe und es wird kritisiert, dass die inoffiziellen Übersetzungen trotzdem Verwendung finden. Es folgen Gedanken zur Rechtsstaatlichkeit und ihrem Fehlen in der bosnischen und kroatischen inoffiziellen Übersetzung. Der Brief endet mit einem Appell ans OHR, diese Angelegenheit zu regeln, da das OHR als endgültiger Interpret des zivilrechtlichen Teils des GFAP gilt. Der Appell beinhaltet auch die Forderung, vom Verfassungsgerichtshof zu verlangen, dass dieser seine Arbeit mit der einzig gültigen Verfassung in Einklang bringt und alle auf anderer Grundlage erlangten Entscheidungen dementsprechend revidiert. Falls dies nicht geschieht, werde die Bevölkerung im Zustand der Rechtsunsicherheit bleiben, geleitet und umgeben von instabilen Institutionen (vg. Patria: 2018).

Die diskursrelevanten Begriffe dieses offenen Briefs sind folgende: Hoher Repräsentant, Missbrauch verschiedener Verfassungsversionen, OHR, offizielle Übersetzung, endgültige Übersetzung, inoffizielle Übersetzungen, meh-

10 Übers. E.D.

rere unterschiedliche Versionen der Übersetzung, politische Eliten, politische Zwecke, drei vollkommen unterschiedliche Übersetzungen, Zustand der permanenten Rechtsunsicherheit, konstitutive/konstituente Völker, Rechtsstaatlichkeit, offizielle Versionen, Verfassungsgerichtshof, dauerhafte Instabilität der Institutionen Bosnien und Herzegowinas, Rechtsstaat (vgl. Patria: 2018).

Den offenen Brief veröffentlichte das Portal *Patria* Anfang November 2018, also nach den Wahlen. Da es im Jahr 2018 zu einer deutlichen Verdichtung des öffentlichen Übersetzungsdiskurses kommt, können die Wahlen im Jahr 2018 als wichtigstes diskursives Ereignis in diesem Diskurs angesehen werden. Im Brief werden Teile der Übersetzungen qualitativ bewertet. Das Publikum befindet sich hier in der Zeugenrolle, der Brief richtet sich direkt an den handelsbefugten Entscheidungsträger Valentin Inzko.

An dieser Stelle kann auch meine Kontaktaufnahme mit dem OHR-Büro erwähnt werden. Das erste E-Mail mit Fragen bezüglich einer offiziellen Übersetzung blieb unbeantwortet. Lediglich dank der persönlichen Bekanntschaft mit Dr. Wolfgang Petritsch, der von seinem Kollegen ausdrücklich eine Antwort forderte, wurde ein Kontakt ermöglicht. Auf diesem Wege erhielt ich eine Kopie der Erstveröffentlichung der inoffiziellen OHR-Übersetzungen der Verfassung inklusive Vorwort des damaligen Hohen Repräsentanden Carl Bildt, eine Kopie des unterzeichneten GFAP in allen 4 Sprachen sowie eine Kopie des Übersetzungsabkommens. Da keine anderen Quellen für das Abrufen des Vorworts von Carl Bildt und des Übersetzungsabkommens gefunden werden konnten, werden die Texte im Anhang beigefügt.

Text 7: ***Das bosnische Teufelswörterbuch (Teil IV)***[11], erschienen am 09.10.2019 auf *preporodbn.com,* Autor: Jusuf Trbić

In diesem letzten Text schreibt der Schriftsteller und Journalist Jusuf Trbić hauptsächlich über die „Konstitutivität der Völker". Diese Bezeichnung müsste laut ihm implizieren, dass drei Völker sich zusammengeschlossen haben, um einen Staat zu *konstituieren* und dass diese Völker damit auch die Macht dazu hätten, diesen Staat zu *dekonstituieren*, also aufzulösen. Der Autor holt

11 Übers. E.D.

weiter aus: Wo ist das bosnische Originaldokument des Daytoner Abkommens? Tatsächlich gab es einen Skandal rund um das Abhandenkommen des Originaldokuments, doch das ist ein eigenes Thema. Trbić scheint nicht zu wissen, dass es zwar authentische Übersetzungen des GFAP gibt (verloren oder nicht), aber dass es nie authentische Übersetzungen der Annexe gegeben hat. Recht hat er jedoch, wenn er sagt, dass „jeder über seine eigene Übersetzung verfügt", laut ihm hat „jeder so übersetzt, wie es ihm passt". Daraufhin zitiert er Slaven Kovačevićs Analyse des Begriffs „konstitutiv" (die bereits erläutert wurde) und seine Kritik an der falschen Übersetzung des Terminus *rule of law*. Trbić appelliert an den Hohen Repräsentanten, eine authentische Übersetzung zu veröffentlichen und alle Politiker:innen daran zu binden, sich an diese zu halten. Seinen Artikel beendet er mit dem Satz, dass die „bosniakischen und bosnischen Politiker endlich begreifen müssen, dass sie mit den falschen Wörtern den Staat effektiver zerstören als mit Granaten."[12] (vgl. Trbić: 2019).

Auch in diesem Artikel kehren viele diskursrelevante Begriffe wieder, die bereits aus den anderen Texten extrahiert wurden, einige neue kommen ebenfalls hinzu: Teufelswörterbuch, tatsächliche Wortbedeutung, Terminus, Konstitutivität der Völker, Entscheidungsträger, Verfassung, Annex des Daytoner Friedensabkommens, Originalpapier, Übersetzung, offizielle Version, OHR, „konstitutiv", „konstituent", sprachliche Bedeutung, rechtliche Bedeutung, politische Eliten, falscher Terminus, Verfassungsgerichtshof, Hoher Repräsentant, authentische Übersetzung, Europäische Kommission, EU-Mitgliedschaft, Rechtsgrundlage, aquis communautaire, Diskriminierung, ethnische Zugehörigkeit, Segregation, falsche Wörter (vgl. Trbić: 2019).

2019 kam es zur Regierungsbildung in Bosnien und Herzegowina. Der Artikel erschien also in der Zeit zwischen den Wahlen im Jahr 2018 (die bereits eindeutig als diskursives Ereignis eingestuft wurden) und der Regierungsbildung. Auch in diesem Artikel findet sich Übersetzungskritik. Die LeserInnenschaft wird nicht direkt angesprochen und die Rolle des Publikums somit nicht direkt thematisiert.

12 Übers. E.D.

Interpretative Analyse und erneutes Durchsehen des Textkorpus

Bei der Erwähnung von Begriffen und Themen lassen sich Regelmäßigkeiten erkennen. Die Begriffe *offizielle/authentische Versionen/Übersetzungen* bzw. *inoffizielle Übersetzungen* kommen (mit Ausnahme von Text 2, der wie bereits vorweggenommen nicht explizit *die Übersetzungen* behandelt) in allen Texten vor. Die Suche nach Begriffen, die durch ebendiesen Diskurs gebildet wurden, ergab einen Treffer: es handelt sich um den Begriff *konstituentni narodi* (dt. *konstituente Völker*).

Ein Thema, welches sich durch den gesamten Diskurs zieht und in enge Verbindug mit der Übersetzungsproblematik gebracht wird ist die Politik. Die politischen Entscheidungsträger:innen, im Diskurs oft „politische Eliten" genannt, werden als Hauptverantwortliche für die Nichtexistenz von authentischen Übersetzungen angesehen. Es lässt sich eine diskursive Strategie erkennen: Die Bevölkerung soll mithilfe von mehr Wissen dazu aufgefordert werden, die tatsächlichen Interessen der „politischen Eliten" zu durchschauen und sich dessen bewusst werden, dass sie in einem Zustand der Rechtsunsicherheit lebt, der erst durch die Erstellung von offiziellen Verfassungsübersetzungen beendet werden kann. Im Diskurs schwingen Gefühle des Misstrauens und des Entsetzens mit. Die Autor:innen nehmen eine Haltung ein, mit welcher sie sich *gegen* die politischen Entscheidungsträger:innen (die Hauptschuldigen) stellen und sich gleichzeitig *für* einen Zustand der Rechtssicherheit zum Wohle der Bevölkerung einsetzen. Im Textkorpus wird eine Wissensordnung präsentiert, die vollkommen neu ist und translationswissenschaftlich bis jetzt noch nicht erforscht wurde.

Dieses Kapitel sollte durch die Erforschung zweier Wirkungsbereiche die Folgen der Verfassungsübersetzungen aufzeigen. Der erste Bereich, der öffentliche Diskurs über die Übersetzungen, wurde nun bereits abgedeckt. Nun müsste noch die Frage offen bleiben, mit welchem Text der Verfassungsgerichtshof arbeitet. Auch diese Frage wurde bereits beantwortet: Wie beispielsweise in der offiziellen Entscheidung des Verfassungsgerichtshofs U-23/14 vom 01.12.2016 unter Punkt 47 nachgelesen werden kann, werden hier Teile aus den inoffiziellen Übersetzungen zitiert (vgl. USBIH 01.12.2016, U-23/14).

3 Conclusio

Die Ihnen mit dieser Forschungsarbeit vorliegende Analyse zeigt sehr gut, wie in einem bestimmten Fall aus naher Vergangenheit Translation von politischen Entscheidungsträger:innen in Schlüsselpositionen wahrgenommen wurde und weiterhin wahrgenommen wird. Die Forschungsergebnisse haben die Einsicht gewährt, dass obwohl es sich um die Übersetzung des wichtigsten Rechtsdokuments eines Staats handelt, die beteiligten Akteur:innen äußerst oberflächlich an diese Aufgabe herangegangen sind. Als Folge dessen kam es zu einer Nulltranslation, denn eine von den Autoritäten als geeignet eingestufte Übersetzung wäre durch eine Authentifizierung zum Originaldokument erhoben worden. Da dies nie geschah, wurden Übersetzungen angefertigt, die über eine mangelnde Qualität verfügen und somit die Bevölkerung von Bosnien und Herzegowina in einen Zustand der Rechtsunsicherheit bringen, da der Wortlaut ebendieser Übersetzungen von jenen Institutionen verwendet wird, die eigentlich die Verfassung und somit auch die Bevölkerung schützen sollten.

Im öffentlichen Diskurs hat dieses Thema ebenfalls Einzug gefunden. Allerdings muss gesagt werden, dass obwohl die Weckrufe einzelner Intellektueller als äußerst wichtig und fortschrittlich eingestuft werden können, auch in diesen ein oberflächlicher Zugang zur Übersetzungsthematik zu verzeichnen ist. Das ist keineswegs verwunderlich, da eine gründliche Auseinandersetzung mit diesem Thema zur Translationswissenschaft gehört und daher aus einer politik- und rechtswissenschaftlichen Perspektive allein nicht gänzlich begriffen werden kann. Genauso wenig war es jedoch in diesem begrenzten Rahmen möglich, ein vollkommenes Bild zu zeichnen, da ein fundierter politik- und rechtswissenschaftlicher Zugang fehlt. Um also einen Übersetzungsvorschlag der Verfassung von Bosnien und Herzegowina verfassen zu können, muss ein Team von Rechtsexpert:innen eng mit einem Team von Fachübersetzer:innen zusammenarbeiten. Nur so kann ein qualitativ hochwertiges Ergebnis erzielt und mittels Authentifizierung dieses Ergebnisses ein bosnischer/kroatischer/serbischer Verfassungstext erstellt werden. Es bleibt die Hoffnung, dass dies bald geschieht.

4 Addendum

Die Arbeit, die Sie in den Händen halten (oder auf Ihrem Bildschirm lesen), wurde ursprünglich als Masterarbeit verfasst. Aufgrund ihrer Aktualität war es ihr jedoch bestimmt, auch als Buch das Licht der Welt zu erblicken und auf diese Weise eine größere Reichweite zu erschließen.

Nur einige Monate nach der Fertigstellung dieser Forschungsarbeit war das behandelte Thema durch die politische Krise in Bosnien und Herzegowina erneut in aller Munde und es folgte ein Kometenschweif an neuen Artikeln und Medienaussagen. Dementsprechend ist auch das in der Diskursanalyse herangezogene Korpus nicht mehr am neuesten Stand. Es kann als eine Momentaufnahme kurz vor der Krise im Winter 2021/22 gesehen werden, welche den Diskurs daraufhin wiederaufwühlte. Eine Krise, die durch die Setzung von verfassungswidrigen Schritten seitens der Republika Srpska (RS) ausgelöst wurde, als diese mit ihrer aggressiven Abspaltungspolitik in die Offensive ging.

Die separatistische RS missachtet laufend Gesetze und Gerichtsentscheidungen, boykottiert die staatlichen Institutionen und will eigene Gerichte, paramilitärische Einheiten, einen eigenen Nachrichtendienst und einen Steuerapparat aufbauen. Sie feiert den illegalen Vernichtungskrieg und verherrlicht Kriegsverbrecher:innen. Resolutionen seitens der Europäischen Union wird keinerlei Bedeutung beigemessen.

Und was macht die internationale Gemeinschaft? Am 21. März 2022 erwähnt der Rat der Europäischen Union die „konstituierenden Völker" Bosnien und Herzegowinas im „Strategischen Kompass für Sicherheit und Verteidigung" und gibt ihnen somit den Raum, den sie auf keinen Fall haben dürfen. Denn wenn in diesen schwierigen Zeiten diskriminierende Verfassungsgrundsätze in offizielle EU-Dokumente Einzug finden und in aller Ironie als Grundsätze zur Nichtdiskriminierung hingestellt werden, dann läuft etwas gewaltig schief. Auch der amtierende Hohe Repräsentant Christian Schmidt sorgte für einen Skandal, als er in der Wahlnacht im Oktober 2022 seine Bonner Vollmachten nutzte, um das Wahlgesetz in Bosnien-Herzegowina zugunsten der kroatischen Volksgruppe (rückwirkend!) zu ändern. Von vielen EU-Vertreter:innen wurde er dafür kritisiert. Ein positives Zeichen seitens der Europäischen Union ist jedenfalls die Verleihung des EU-Kandidatenstatus an Bosnien-Herzegowina im Dezember 2022.

Heute steckt nicht nur Bosnien und Herzegowina in der Krise. Von einem Tag auf den anderen herrscht in der Ukraine Krieg und es entsteht ein nicht unbekanntes Szenario. Nur haben wir es diesmal mit einer Weltmacht zu tun.

Es darf nicht passieren, dass demokratische Staaten, so unscheinbar sie auch sein mögen, willkürlichen Gesetzestexten der „Internationalen Gemeinschaft“ zum Opfer fallen und ihre Existenz nur noch als Experimente am globalen geopolitischen Schlachtfeld weiterführen. Es darf nicht passieren, und doch ist es passiert. Und es passiert weiterhin, weit über Europa hinaus.

Wien, am 24. Februar 2023

Bibliographie

Ademović, Nedim; Steiner, Christian (2010). *Constitution of Bosnia and Hercegovina. Commentary.* Sarajevo: Konrad Adenauer Stiftung e.V.

Ademović, Nedim; Marko, Joseph & Marković, Goran (2012). *Ustavno pravo Bosne i Hercegovine.* Sarajevo: Fondacija Konrad Adenauer e. V. Predstavništvo u Bosni i Hercegovini.

Almond, Mark (2007). Dayton und die Neugestaltung Bosnien-Herzegowinas. In: Melčić, Dunja (Hg.) *Der Jugoslawien-Krieg. Handbuch zu Vorgeschichte, Verlauf und Konsequenzen.* 2. Aufl. Wiesbaden: VS Verlag für Sozialwissenschaften, 439–452.

Amandman I. na Ustav Bosne i Hercegovine, Službeni glasnik BiH, broj 25/09

Ammann, Margret (1990). Anmerkungen zu einer Theorie der Übersetzungskritik und ihrer praktischen Anwendung. In: *TexTconTexT. Translation. Theorie. Didaktik. Praxis.* 5.3 (4), 209–250.

Anić, Vladimir (2003). *Veliki rječnik hrvatskoga jezika.* 4. Aufl. Zagreb: Novi Liber.

Anthony, Susan; Jack, Susan (2009). Qualitative case study methodology in nursing research: An integrative review. *Journal of advanced nursing* 65 (6).

Bennett, Andrew; Geroge, Alexander L. (2005). *Case studies and theory development in the social sciences.* 4. Aufl. Cambridge, MA: MIT Press.

Berman, Antoine (1995). *Pour une critique des traductions.* Paris: Gallimard.

Birks, Melanie; Franklin, Richard; Harrison, Helena; Mills, Jane (2017). Case Study Research: Foundations and Methodological Orientations. *Forum, qualitative social research* 18 (1). https://www.proquest.com/docview/2539302042?pq-origsite=primo&accountid=14682 (Stand: 25.10.2021).

Brown, Louise (2008). A review of the literature on case study research. *Canadian Journal for New Scholars in Education* 1 (1), 1–13.

Buckurish (2016). Uređenje Bosne i Hercegovine: Politička i teritorijalna slika države. [Videoclip 6'38"] https://www.youtube.com/watch?v=2_VEY5g8iBc&t=3s (Stand: 30.10.2021).

Bukovčan, Dragica (2004). „Großer Lauschangriff“ oder „Gefahr im Verzug“. Wie geht man mit der fachsprachlichen Phraseologie um? *LiLi, Zeitschrift für Literaturwissenschaft und Linguistik* 135 (3), 179–196.

Casey, Dympna; Houghton, Catherine (2010). Clarifying case study research: Examples from practice. *Nurse researcher* 17 (3), 41–51.

CJP (o.J.). Ustav Bosne i Hercegovine. Prijevod na bosanski jezik. http://www.fcjp.ba/de/templates/ja_avian_ii_d/images/green/Ustav_BiH.pdf (Stand: 28.10.2021).

Commission of the European Communities (2008). Bosnia and Hercegovina 2008 Progress Report. https://europa.ba/wp-content/uploads/2015/05/delegacijaEU_2011121405151330eng.pdf (Stand: 27.10.2021).

Creswell, John W. (2014). *Research design: Qualitative, quantitative and mixed methods approaches.* 4. Aufl. Thousand Oaks, CA: Sage.

Creswell, John W.; Hanson, William E.; Plano Clark, Vicki L.; Morales Alejandro (2007). Qualitative research designs: Selection and implementation. *The Counseling Psychologist* 35 (2), 236–264.

DEI (2020). Prevođenje pravnih propisa. https://www.dei.gov.ba/bs/prevodenje-pravnih-propisa (Stand: 31.10.2021).

DEI (o.J.) Ustav Bosne i Hercegovine. http://www.regprev.dei.gov.ba/index.php?jezik=angl (Stand: 28.10.2021).

Denzin, Norman K.; Lincoln, Yvonna S. (2011). Introduction: The discipline and practice of qualitative research. In: Denzin, Norman K.; Lincoln, Yvonna S. (Hg.) *The Sage handbook of qualitative research* 4. Aufl. Thousand Oaks, CA: Sage, 1–20.

Diaz-Bone, Rainer (2010). *Kulturwelt, Diskurs und Lebensstil. Eine diskurstheoretische Erweiterung der Bourdieuschen Distinktionstheorie.* Wiesbaden: VS Verlag für Sozialwissenschaften.

Donmoyer, Robert (2000). Generalizability and the Single-Case Study. In: Foster, Peter; Gomm, Roger; Hammersley, Martyn (Hg.) (2000). *Case Study Method: Key Issues, Key Texts.* London: Thousand Oaks & New Delhi: Sage, 45–68.

Duden (o.J.). äquivalent. https://www.duden.de/rechtschreibung/aequivalent (Stand: 31.10.2021).

Džihić, Vedran (2009). *Ethnopolitik in Bosnien-Herzegowina : Staat und Gesellschaft in der Krise.* Baden-Baden: Nomos.

Džihić, Vedran (2018). Parlamentarismus und politische Parteien in Bosnien und Herzegowina. In: Flessenkemper, Tobias; Moll, Nicolas (Hg.) *Das politische System Bosnien und Herzegowinas: Herausforderungen zwischen Dayton-Friedensabkommen und EU-Annäherung.* Wiesbaden: Springer Fachmedien Wiesbaden, 91–120.

Efendić, Kemal (2018). Konstitutivnost naroda u Bosni I Hercegovini: Pregled teorijsko-pravnih I pojmovnih određenja. *Anali Pravnog fakulteta Univerziteta u Zenici* 11 (21), 61–89.

EGMR 22.12.2009, 27996/06 34836/06 (Sejdić und Finci gg Bosnien und Herzegowina).

European Parliament (2017a). Statement from Commission representative during Committee on Foreign Affairs debate on Bosnia and Hercegovina held on 30 January 2017. https://www.europarl.europa.eu/doceo/document/P-8-2017-000745_EN.html (Stand: 27.10.2021).

European Parliament (2017b). Answer given by Mr Hahn on behalf of the Commission. https://www.europarl.europa.eu/doceo/document/P-8-2017-000745-ASW_EN.html (Stand: 27.10.2021).

Farquhar, Jilian D. (2012). What is case study research? In: Farquhar, Jilian D. (Hg.) *Case study research for business.* London: Sage, 3–14.

Flessenkemper, Tobias; Moll, Nicolas (Hg.) (2018). *Das politische System Bosnien und Herzegowinas: Herausforderungen zwischen Dayton-Friedensabkommen und EU-Annäherung.* Wiesbaden: Springer Fachmedien Wiesbaden.

Flyvberg, Bent (2011). Case study. In: Denzin, Norman K.; Lincoln, Yvonna S. (Hg.) *The Sage handbook of qualitative research.* 4. Aufl. Thousand Oaks, CA: Sage, 301–316.

German Commission for Justice and Peace (2011). Human Rights Report Bosnia and Hercegovina 2010. *Schriftenreihe Gerechtigkeit und Frieden* 125. http://www.justitia-et-pax.de/jp/publikationen/pdf/guf_125.pdf (Stand: 27.10.2021).

Gerring, John (2004). What is a case study and what is it good for?. *American Political Science Review* 98 (2), 341–354.

Gile, Daniel (1998). Observational Studies and Experimental studies in the Investigation of Conference Interpreting. *Target* 10, 69–93.

Gillham, Bill (2000). *Case Study Research Methods.* London & New York: Continuum.

Gruntar Jermol, Ada (2007). Fachsprachliche Kollokationen: Schwerpunkt Deutsch-Slowenisch. *Linguistica* 47 (1), 137–144).

Guba, Egon G.; Lincoln, Yvonna S.; Lynham, Susan (2011). Paradigmatic controversies, contradictions, and emerging confluences, revisited in qualitative research. In: Denzin, Norman K.; Lincoln, Yvonna S. (Hg.) *The Sage handbook of qualitative research.* 4. Aufl. Thousand Oaks, CA: Sage, 97–128.

Haverić, Tarik (2006). *Ethnos i demokratija: slučaj Bosne i Hercegovine.* Sarajevo: Rabic [u.a.]

Haverić, Tarik (2013). *Vladavina prava ili vladavina zakona? Rule of justice or rule of law?* Bosnia and Hercegovina: Fondacija Centar za javno pravo.

Hermans, Theo (2007). *The Conference of the Tongues.* Manchester, UK & Kinderhook (NY), USA: St. Jerome Publishing.

Hoffmann, Lothar (1985). *Kommunikationsmittel Fachsprache: eine Einführung.* Tübingen: Narr.

House, Juliane (1997). *Translation Quality Assessment. A Model Revisited.* Tübingen: Narr.

Huberman, A. Michael; Miles, Matthew B.; Saldana, Johnny (2014). *Qualitative dana analysis: A methods sourcebook.* Thousand Oaks, CA: Sage.

IATE (o.J.). https://iate.europa.eu/search/result/1634723649106/1 (Stand: 27.10.2021).

Innerhofer, Ian (2008). Nationale Selbstbilder und die Diskussion um die Sprachbezeichnung in Bosnien-Herzegowina nach dem Zerfall Jugoslawiens. In: Fritz, Regina; Sachse, Carola; Wolfrum, Edgar (Hg.) *Nationen und ihre Selbstbilder. Postdiktatorische Gesellschaften in Europa.* Göttingen: Wallstein Verlag, 306–327.

Jackson, Debra; Luck, Lauretta; Usher, Kim (2006). Case study: A bridge across the paradigms. *Nursing inquiry* 13 (2), 103–109.

Jahić, Dževad (2012b). *Rječnik bosanskog jezika: K – Kor.* Sarajevo: Akademija Nauka i Umjetnosti Bosne i Hercegovine [u.a.].

Jahić, Dževad (2012b). *Rječnik bosanskog jezika: Kos – Lj.* Sarajevo: Akademija Nauka i Umjetnosti Bosne i Hercegovine [u.a.].

Jahić, Dževad (Hg.) (2019). *Rječnik bosanskog jezika: Tom 9: Or-Pa.* Sarajevo: Dževad Jahić.

Jakobson, Roman (1959). Linguistische Aspekte der Übersetzung. In: Wilss, Wolfram (Hg.) (1981). *Übersetzungswissenschaft*. Darmstadt: Wiss. Buchges., 189–198.

Johansson, Rolf (2003). Key note speech at the international conference „*Methodologies in Housing Research*", Royal Institute of Technology in cooperation with the International Association of People-Environment Studies, Stockholm, September 22–24, 2003. http://www.psyking.net/htmlobj-3839/case_study_methodology-_rolf_johansson_ver_2.pdf (Stand: 01.11.2021).

Kautz, Ulrich (2000). *Handbuch Didaktik des Übersetzens und Dolmetschens.* München: Iudicium/Goethe Institut.

Kovačević, Slaven (2018a). Konstitutivni narodi – izmišljen I ustavno nepostojeći termin. *Vijesti,* 09.03.2018. https://vijesti.ba/clanak/397251/konstitutivni-narodi-izmisljen-i-ustavno-nepostojeci-termin (Stand: 28.10.2021).

Kovačević, Slaven (2018b). PRAVNI EKSPERT, SLAVEN KOVAČEVIĆ: „Konstitutivni narodi – izmišljen i ustavno nepostojeći termin"! *Slobodna Bosna,* 10.03.2018. https://www.slobodna-bosna.ba/vijest/74735/pravni_ekspert_slaven_kovachevic_konstitutivni_narodi_izmisljen_i_ustavno_nepostojeci_termin.html (Stand: 28.10.2021).

Kovačević, Slaven (2018c). Građansko i unitarno. *Preporod Bijeljina,* 06.08.2018. https://preporodbn.com/gradjansko-i-unitarno/ (Stand: 28.10.2021).

Legislationline (o.J.a). Ustav Bosne i Hercegoine. Prijevod na bosanski jezik. https://www.legislationline.org/download/id/3206/file/BiH_Constitution_1995_amended2009_bos.pdf (Stand: 28.10.2021).

Legislationline (o.J.b). Ustav Bosne i Hercegovine. Prijevod na hrvatski jezik. https://www.legislationline.org/download/id/3205/file/BiH_Constitution_1995_amended2009_hrv.pdf (Stand: 28.10.2021).

Lincoln, Yvonna S.; Guba, Egon G. (2000). The Only Generalization is: There is No Generalization. In: Foster, Peter; Gomm, Roger; Hammersley, Martyn (Hg.) (2000). *Case Study Method: Key Issues, Key Texts.* London: Thousand Oaks & New Delhi: Sage, 27–44.

Littmann, Günther (1981). *Fachsprachliche Syntax. Zur Theorie und Praxis syntaxbezogener Sprachvariantenforschung.* Hamburg: Helmut Buske Verlag.

Luck, Lauretta; Jackson, Debra; Usher, Kim (2006). Case study: A bridge across the paradigms. *Nursing Inquiry* 13 (2), 103–109.

Malcolm, Noel (1994, 1996). *BOSNIA: A Short History.* London: Macmillan London Limited.

Merriam, Sharan B. (1998). *Qualitative research and case study applications in education.* 2. Aufl. San Francisco, CA: Jossey-Bass Publishers.

Merriam, Sharan B. (2009). *Qualitative research: A guide to design and implementation.* 2. Aufl. San Francisco, CA: Jossey-Bass.

Miles, Matthew B.; Huberman, A. Michael; Saldana, Johnny (2014). *Qualitative data analysis: A methods sourcebook.* Thousand Oaks, CA: Sage.

Ministarstvo vanjskih poslova Bosne i Hercegovine (o.J.). Ustav BiH. http://mvp.gov.ba/dobro_dosli_u_bih/drzavno_uredjenje/ustav_bih/default.aspx?id=261 (Stand: 28.10.2021).

N1 BiH (2017). OHR: Postoji samo jedan Dejtonski sporazum. https://ba.n1info.com/vijesti/a224397-ohr-postoji-samo-jedan-dejtonski-sporazum/ (Stand: 27.10.2021).

Nádrai, Valerie Marie-Gabrielle (2001). *Rechtsstaatlichkeit als internationales Gerechtigkeitsprinzip.* Baden-Baden: Nomos-Verl.-Ges.

Nikolić, Miroslav (2011). *Rečnik srpskoga jezika.* 2. Aufl. Novi Sad: Matica Srpska.

Nord, Christiane (1995). *Textanalyse und Übersetzen. Theoretische Grundlagen, Methode und didaktische Anwendung einer übersetzungsrelevanten Textanalyse.* 3. Aufl. Heidelber: Groos.

Nord, Christiane (1998a). Textanalyse: translatorischer Schwierigkeitsgrad. In: Hönig, Hans G.; Kußmaul, Paul; Schmitt, Peter Axel & Snell-Hornby, Mary (Hg.) (1998). *Handbuch Translation.* Tübingen: Stauffenberg, 355–357.

Nord, Christiane (1998b). Textanalyse: pragmatisch/funktional. In: Hönig, Hans G.; Kußmaul, Paul; Schmitt, Peter Axel & Snell-Hornby, Mary (Hg.) (1998). *Handbuch Translation.* Tübingen: Stauffenberg, 350–354.

OHR (1994). Constitution of the Federation of Bosnia and Herzegovina. http://www.ohr.int/ohr-dept/legal/laws-of-bih/pdf/001%20-%20Constitutions/FBH/FBH%20CONSTITUTION%20FBH%201-94%20and%2013-97.pdf (Stand: 31.10.2021).

OHR (1995). The General Framework Agreement for Peace in Bosnia and Herzegovina. http://www.ohr.int/dayton-peace-agreement/ (Stand: 28.10.2021).

OHR (2002). High Representative Decision Amending the Constitution of the Federation of Bosnia and Hercegovina No. 149/02 (Amendments XXVIII–LIV) http://www.ohr.int/ohr-dept/legal/laws-of-bih/pdf/001%20-%20Constitutions/

FBH/HR%20DECISION%20AMENDING%20THE%20CONSTITUTION%20OF%20THE%20FBH%20149-02.pdf (Stand: 31.10.2021).

OHR (2009). Amendment I to the Constitution of Bosnia and Herzegovina. http://www.ohr.int/ohr-dept/legal/laws-of-bih/pdf/001%20-%20Constitutions/BH/BH%20Amendment%20I%20to%20BH%20Constitution%2025-09.pdf (Stand: 31.10.2021).

OHR (o.J.a). Constitution of Bosnia and Herzegovina. http://www.ohr.int/ohr-dept/legal/laws-of-bih/pdf/001%20-%20Constitutions/BH/BH%20CONSTITUTION%20.pdf (Stand: 28.10.2021).

OHR (o.J.b). Departments. http://www.ohr.int/about-ohr/departments/ (Stand: 27.10.2021).

Paragraf (o.J.). Ustav Bosne i Hercegovine. https://www.paragraf.ba/propisi/bih/ustav-bosne-i-hercegovine.html#,%20Stand:%2022.12.2020 (Stand: 28.10.2021).

Parlamentarna skupština Bosne i Hercegovine (o.J.a). Ustav Bosne i Hercegovine (bosnisch). https://www.parlament.ba/data/dokumenti/pdf/vazniji-propisi/Ustav%20BiH%20-%20B.pdf (Stand: 28.10.2021).

Parlamentarna skupština Bosne i Hercegovine (o.J.b). Ustav Bosne i Hercegovine (kroatisch). https://www.parlament.ba/data/dokumenti/pdf/vazniji-propisi/Ustav%20BiH%20-%20H.pdf (Stand: 28.10.2021).

Parlamentarna skupština Bosne i Hercegovine (o.J.c). Ustav Bosne i Hercegovine (serbisch). https://www.parlament.ba/data/dokumenti/pdf/vazniji-propisi/Ustav%20BiH%20-%20S.pdf (Stand: 28.10.2021).

Patria (2018). Intelektualci poslali otvoreno pismo Valentinu Inzku. *Patria,* 02.11.2018. https://nap.ba/news/49703 (Stand: 28.10.2021).

Plavšić, Milica (2013). BUKA ANALIZA: Ustav BiH I nakon dvije decenije samo na engleskom jeziku. *Buka,* 14.10.2013. https://www.6yka.com/novosti/buka-analiza-ustav-bih-i-nakon-dvije-decenije-samo-na-engleskom-jeziku (Stand: 28.10.2021).

Pons (o.J.a). constituo. https://de.pons.com/übersetzung/latein-deutsch/constituo (Stand: 31.10.2021).

Pons (o.J.b). constitutio. https://de.pons.com/übersetzung/latein-deutsch/constitutio (Stand: 31.10.2021).

Pravosudna komisija Brčko distrikta BiH (o.J.). Rječnik pravnih termina za novinare. http://www.pkbd.ba/rjecnik/pdf/Rjecnik%20pravnih%20termina%20za%20novinare.pdf (Stand: 20.04.2021).

Prunč, Erich (2007). *Entwicklungslinien der Translationswissenschaft. Von den Asymmetrien der Sprachen zu den Asymmetrien der Macht.* Berlin: Frank & Timme.

Reidy, David A. (2014). Rule of Law. In: Mandle, Jon (Hg.) *Cambridge Rawls Lexicon.* Cambridge University Press, 745–749.

Reinart, Sylvia (2014). *Lost in Translation (Criticism)?: Auf dem Weg zu einer konstruktiven Übersetzungskritik.* Berlin: Frank & Timme.

Republika Hrvatska Ministarstvo vanjskih i europskih poslova (o.J.). Priručnici za prevođenje. http://www.mvep.hr/hr/hrvatska-i-europska-unija/hrvatska-i-europska-unija0/prirucnici-za-prevodenje/ (Stand: 27.10.2021).

Rosenberg, John P. & Yates, Patsy M. (2007). Schematic representation of case study research designs. *Journal of Advanced Nursing* 60 (4), 447–452.

Rossenbeck, Klaus (1989). Lexikologische und lexikographische Probleme fachsprachlicher Phraseologie aus kontrastiver Sicht. In: Pöhl, Esther; Snell-Hornby, Mary (Hg.) *Translation and Lexicography: Papers read at the Euralex Colloquium held at Innsbruck 2–5 July 1987.* Amsterdam: John Benjamins Publishing Company, 197–210.

Sandrini, Peter (1998). Terminographie und Textographie: Synergien und Parallelen. In: Feyrer, Cornelia; Holzer, Peter (Hg.) (1998). *Text, Sprache, Kultur. Festschrift zum 50jährigen Bestehen des Instituts für Übersetzer- und Dolmetscherausbildung der Universität Innsbruck.* Frankfurt/M. etc.: Lang.

Schwenk, Hans-Jörg (2010). Fachlichkeit, Fachsprachlichkeit und Fachsprachendidaktik. *Glottodidactica* 36, 69–82.

Selhanović, Selman (2015). Procese razbijanja Bosne možemo okrenuti u kontra pravcu. *Preporod,* 01.11.2015, 16–17.

Simons, Helen (2009). *Case study research in practice.* Los Angeles, CA: Sage.

Stake, Robert E. (1995). *The art of case study research.* Thousand Oaks, CA: Sage.

Stake, Robert E. (2000). The Case Study Method in Social Inquiry. In: Foster, Peter; Gomm, Roger, Hammersley, Martyn (Hg.) (2000). *Case Study Method: Key Issues, Key Texts.* London: Thousand Oaks & New Delhi: Sage, 19–26.

Stake, Robert E. (2006). *Multiple case study analysis.* New York, NY: Guilford.

Steiner, Christian (2015). *Friedenskonsolidierung durch Verfassungsgerichtsbarkeit in Bosnien und Herzegowina: Lehren aus einem Versuchslabor der internationalen Gemeinschaft.* Baden-Baden: Nomos.

Stewart, Alison (2014). Case study. In: Birks, Melanie; Mills, Jane (Hg.) *Qualitative methodology: A practical guide.* Thousand Oaks, CA: Sage, 145–159.

Stolze, Radegundis (1992). *Hermeneutisches Übersetzen. Linguistische Kategorien des Verstehens und Formulierens beim Übersetzen.* Tübingen: Gunter Narr Verlag.

Susam-Sarajeva, Şebnem (2009). The Case Study Research Method in Translation Studies. *The Interpreter and Translator Trainer* 3 (1), 37–56.

Thiel, Gisela; Thome, Gisela (1987). *Resolutionen. Ein empirische entwickelter Beitrag zur Textanalyse.* Tübingen: Narr.

Trbić, Jusuf (2019). Bosanski đavolji rječnik (IV dio). *Preporod Bijeljina,* 09.10.2019. https://preporodbn.com/bosanski-djavolji-rjecnik-iv-dio/ (Stand: 28.10.2021).

Trnka, Kasim (2009). Specifičnosti ustavnog uređenja Bosne i Hercegovine. *Revus* 11. https://journals.openedition.org/revus/1102 (Stand: 25.10.2021).

Trosborg, Anna (1991). An analysis of legal speech acts in English Contract Law. 'It is hereby performed'. *HERMES – Journal of Language and Communication in Business* 6, 65–90.

United Nations (o.J.). What is the Rule of Law. https://www.un.org/ruleoflaw/what-is-the-rule-of-law/ (Stand: 27.10.2021).

United Nations (1994). Letter dated 3 March 1994 from the permanent representatives of Bosnia and Herzegovina and Croatia to the United Nations addressed to the Secretary-General. https://peacemaker.un.org/sites/peacemaker.un.org/files/BA_940301_FrameworkAgreementOnTheFederation.pdf (Stand: 22.10.2022).

USBIH 01.07.2000, U-5/98-III.

USBIH 01.12.2016, U-23/14.

Ustav Republike Bosne i Hercegovine, Službeni list Bosne i Hercegovine, godina II – broj 5.

Ustav Republike Srpske, Službeni glasnik Republike Srpske, broj 21/92 – prečišćeni tekst, 28/94, 8/96, 13/96, 15/96, 16/96, 21/96, 21/02, 26/02, 30/02, 31/02, 69/02, 31/03, 98/03, 115/05, 117/05.

Ustavni sud Bosne i Hercegovine (o.J.a). Ustav Bosne i Hercegovine (bosnisch). https://www.ustavnisud.ba/uploads/documents/ustav-bih-bs_1611076095.pdf (Stand: 28.10.2021).

Ustavni sud Bosne i Hercegovine (o.J.b). Ustav Bosne i Hercegovine (kroatisch). https://www.ustavnisud.ba/uploads/documents/ustav-bih-hr_1611085312.pdf (Stand: 28.10.2021).

Ustavni sud Bosne i Hercegovine (o.J.c). Ustav Bosne i Hercegovine (serbisch). https://www.ustavnisud.ba/uploads/documents/ustav-sr_1611219965.pdf (Stand: 28.10.2021).

Vajzović, Hanka (2005). Savremena jezička situacija – komunikativna i simbolička funkcija jezika. In: Monnesland, Svein (Hg.) *Jezik u Bosni i Hercegovini*. Sarajevo: Institut za Jezik u Sarajevu, 525–539.

Vajzović, Hanka (2010). Sociolingvistički i ustavnopravni aspekti jezičkog pitanja Ostalih u Bosni i Hercegovini. In: Abazović, Dino; Mujkić, Asim; Vajzović, Emir; Vehabović, Faris (Hg.) *Mjesto i uloga „Ostalih" u Ustavu Bosne i Hercegovine i budućim ustavnim rješenjima za Bosnu i Hercegovinu*. Sarajevo: Bemust, 91–111.

Vaňková, Lenka (2018). Einleitend: Zur Problematik von Fachlichkeit und Fachsprachlichkeit. In: Vaňková, Lenka (Hg.) *Fachlichkeit und Fachsprachlichkeit in varianten Kontexten*. Berlin: Frank & Timme.

Vlachopoulos, Stefanos (2011). Die Syntax beim Übersetzen von Rechtstexten. *Lebende Sprachen* 56 (1), 77–86.

Vlada Tuzlanskog kantona (o.J.). Ustav Bosne i Hercegovine. http://www.vladatk.kim.ba/ustav-b-i-h (Stand: 28.10.2021).

Yin, Robert K. (2014). *Case study research: Design and methods*. Los Angeles, CA: Sage.

Zovko, Željana (2021). Aussage während der Plenardebatte des Europäischen Parlaments am 23. Juni 2021. https://www.europarl.europa.eu/doceo/document/CRE-9-2021-06-23-ITM-019_EN.html (Stand: 31.10.2021).

Abbildungen:

Abbildung 1: Definition von *constituent* (Merriam Webster o.J.) https://www.merriam-webster.com/dictionary/constituent (Stand: 3010.2021).

Abbildung 2: Definition von *agreement* (Merriam Webster o.J.) https://www.merriam-webster.com/dictionary/agreement#legalDictionary (Stand: 30.10.2021).

Abbildung 3: Definition von contract (Merriam Webster o.J.) https://www.merriam-webster.com/dictionary/contract#legalDictionary (Stand: 30.10.2021).

Anhang

Anhang 1: Präambel & Artikel I der OHR-Übersetzung ins Bosnische

USTAV BOSNE I HERCEGOVINE

Prevod na bosanski jezik

Preambula

Oslanjajući se na poštovanje ljudskog dostojanstva, slobode i jednakosti,

Posvećeni miru, pravdi, toleranciji i pomirenju,

Ubijeđeni da demokratski organi vlasti i pravične procedure najbolje stvaraju miroljubive odnose unutar pluralističkog društva,

U želji da podstaknu opšte blagostanje i ekonomski razvoj kroz zaštitu privatnog vlasništva i unapređenje tržišne privrede,

Vođeni ciljevima i načelima Povelje Ujedinjenih naroda,

Opredijeljeni za suverenitet, teritorijalni integritet i političku nezavisnost Bosne i Hercegovine u skladu sa međunarodnim pravom,

Odlučni da osiguraju puno poštovanje međunarodnog humanitarnog prava,

Inspirisani Univerzalnom Deklaracijom o ljudskim pravima, Međunarodnim paktovima o građanskim i političkim pravima, odnosno o ekonomskim, socijalnim i kulturnim pravima, i Deklaracijom o pravima lica koja pripadaju nacionalnim ili etničkim, vjerskim i jezičkim manjinama, kao i drugim instrumentima ljudskih prava,

Podsjećajući se na Osnovna načela usaglašena u Ženevi 8.9. 1995. godine i u Njujorku 26.9.1995. godine,

Bošnjaci, Hrvati i Srbi, kao konstitutivni narodi (u zajednici s ostalima), i građani Bosne i Hercegovine ovim utvrđuju Ustav Bosne i Hercegovine:

Član I

Bosna i Hercegovina

1. **Kontinuitet**

Republika Bosna i Hercegovina, čije je zvanično ime od sada "Bosna i Hercegovina", nastavlja svoje pravno postojanje po međunarodnom pravu kao država, sa unutrašnjom strukturom modificiranom ovim Ustavom, i sa postojećim međunarodno priznatim granicama. Ona ostaje država članica Ujedinjenih naroda i može kao Bosna i Hercegovina zadržati članstvo ili zatražiti prijem u organizacijama unutar sistema Ujedinjenih naroda, kao i u drugim međunarodnim organizacijama.

2. **Demokratska načela**

Bosna i Hercegovina je demokratska država koja funkcioniše u skladu sa zakonom i na osnovu slobodnih i demokratskih izbora.

3. **Sastav**

Bosna i Hercegovina se sastoji od dva entiteta: Federacije Bosne i Hercegovine i Republike Srpske (u daljem tekstu "entiteti").

4. **Kretanje roba, usluga, kapitala i lica**

Postoji sloboda kretanja širom Bosne i Hercegovine. Bosna i Hercegovina i entiteti neće ometati punu slobodu kretanja, lica, roba, usluga i kapitala širom Bosne i Hercegovine. Nijedan entitet neće provoditi bilo kakvu kontrolu na granici između entiteta.

5. **Glavni grad**

Glavni grad Bosne i Hercegovine je Sarajevo.

6. **Simboli**

Bosna i Hercegovina će imati one simbole koje svojom odlukom odredi Parlamentarna skupština i potvrdi Predsjedništvo.

15

7. **Državljanstvo**

Postoji državljanstvo Bosne i Hercegovine, koje reguliše Parlamentarna skupština, i državljanstvo svakog entiteta koje regulišu sami entiteti, pod uslovom da:

a) Svi državljani bilo kojeg entiteta su, samim tim, državljani Bosne i Hercegovine.

b) Nijedno lice ne može biti arbitrarno lišeno državljanstva Bosne i Hercegovine, ili državljanstva entiteta, ili na drugi način ostavljeno bez državljanstva. Niko ne može biti lišen državljanstva Bosne i Hercegovine, ili entiteta, po bilo kojem osnovu kao što je pol, rasa, boja, jezik, vjera, političko ili drugo mišljenje, nacionalno ili socijalno porijeklo, povezanost sa nacionalnom manjinom, imovina, rođenje ili bilo koji drugi status.

c) Sva lica koja su bila državljani Republike Bosne i Hercegovine, neposredno prije stupanja na snagu ovog Ustava, su državljani Bosne i Hercegovine. Državljanstvo lica koja su naturalizovana poslije 6. 4. 1992. godine, a prije stupanja na snagu ovog Ustava, regulisaće Parlamentarna skupština.

d) Državljani Bosne i Hercegovine mogu imati državljanstvo druge države, pod uslovom da postoji bilateralni ugovor između Bosne i Hercegovine i te države kojim se to pitanje uređuje, a koji je odobrila Parlamentarna skupština u skladu sa članom IV, stav 4, tačka (d). Lica sa dvojnim državljanstvom mogu glasati u Bosni i Hercegovini i u entitetima samo ako je Bosna i Hercegovina država njihovog prebivališta.

e) Državljanin Bosne i Hercegovine u inostranstvu uživa zaštitu Bosne i Hercegovine. Svaki entitet može izdavati pasoše Bosne i Hercegovine svojim državljanima, na način kako je to regulisala Parlamentarna skupština. Bosna i Hercegovina može izdavati pasoše onim državljanima kojima pasoš nije izdat od strane entiteta. Uspostaviće se centralni registar svih pasoša izdatih od strane entiteta i od strane Bosne i Hercegovine.

Član II
Ljudska prava i osnovne slobode

1. **Ljudska prava**

Bosna i Hercegovina i oba entiteta će osigurati najviši nivo međunarodno priznatih ljudskih prava i osnovnih sloboda. U tu svrhu postoji Komisija za ljudska prava za Bosnu i Hercegovinu, kao što je predviđeno u Aneksu 6 Opšteg okvirnog sporazuma.

2. **Međunarodni standardi**

Prava i slobode predviđeni u Evropskoj konvenciji za zaštitu ljudskih prava i osnovnih sloboda i u njenim protokolima se direktno primjenjuju u Bosni i Hercegovini. Ovi akti imaju prioritet nad svim ostalim zakonima.

3. **Katalog prava**

Sva lica na teritoriji Bosne i Hercegovine uživaju ljudska prava i slobode iz stava 2. ovog člana, što uključuje:

a) Pravo na život.

b) Pravo lica da ne bude podvrgnuto mučenju niti nečovječnom ili ponižavajućem tretmanu ili kazni.

c) Pravo lica da ne bude držano u ropstvu ili potčinjenosti, ili na prisilnom ili obaveznom radu.

d) Pravo na ličnu slobodu i sigurnost.

e) Pravo na pravično saslušanje u građanskim i krivičnim stvarima i druga prava u vezi sa krivičnim postupkom.

f) Pravo na privatni i porodični život, dom i prepisku.

g) Slobodu misli, savjesti i vjere.

h) Slobodu izražavanja.

i) Slobodu mirnog okupljanja i slobodu udruživanja s drugima.

j) Pravo na brak i zasnivanje porodice.

16

Anhang 2: Präambel & Artikel I der OHR-Übersetzung ins Kroatische

USTAV BOSNE I HERCEGOVINE

Prijevod na hrvatski jezik

Preambula

Na temelju poštivanja ljudskog dostojanstva, slobode i jednakosti,

Predani miru, pravdi, toleranciji i pomirenju,

Uvjereni da demokratske ustanove vlasti i pravični postupci najbolje uspostavljaju miroljubive odnose u pluralističnom društvu,

U želji da promiču opće blagostanje i gospodarski razvitak kroz zaštitu privatne svojine i promicanje tržišnog gospodarstva,

Rukovođeni ciljevima i načelima Povelje Ujedinjenih naroda,

Opredijeljeni za suverenitet, teritorijalni integritet i političku neovisnost Bosne i Hercegovine sukladno međunarodnom pravu,

Odlučni da osiguraju puno poštivanje međunarodnog humanitarnog prava,

Nadahnuti Općom deklaracijom o ljudskim pravima, Međunarodnim paktovima o civilnim i političkim pravima, odnosno o gospodarskim, socijalnim i kulturnim pravima, i Deklaracijom o pravima osoba koje pripadaju nacionalnim ili etničkim, vjerskim i jezičnim manjinama, kao i drugim instrumentima ljudskih prava,

Podsjećajući na Temeljna načela usuglašena u Genevi 8. rujna 1995. i u New Yorku 26. rujna 1995.,

Bošnjaci, Hrvati i Srbi, kao konstitutivni narodi (zajedno s ostalima), i građani Bosne i Hercegovine ovim utvrđuju Ustav Bosne i Hercegovine:

Članak I
Bosna i Hercegovina

1. **Kontinuitet**

Republika Bosna i Hercegovina, čiji je oficijelni naslov od sada "Bosna i Hercegovina", nastavlja svoje pravno postojanje po međunarodnom pravu kao država, sa svojim unutarnjim ustrojem izmijenjenim kako je to predviđeno ovim Ustavom, sa svojim sadašnjim međunarodno priznatim granicama. Ona ostaje članica Ujedinjenih naroda, a kao Bosna i Hercegovina može zadržati članstvo ili zatražiti prijem u organizacijama unutar sustava Ujedinjenih naroda, kao i u drugim međunarodnim ustanovama.

2. **Demokratska načela**

Bosna i Hercegovina je demokratska država, koja funkcionira sukladno zakonu i temeljem slobodnih i demokratskih izbora.

3. **Sastav**

Bosna i Hercegovina se sastoji od dva entiteta: Federacije Bosne i Hercegovine i Republike Srpske (u daljnjem tekstu "entiteti").

4. **Kretanje roba, usluga, kapitala i osoba**

Sloboda kretanja postoji po cijeloj Bosni i Hercegovini. Bosna i Hercegovina i entiteti neće ometati punu slobodu kretanja osoba, roba, usluga i kapitala po cijeloj Bosni i Hercegovini. Ni jedan entitet neće postavljati bilo kakve kontrole na granici između entiteta.

5. **Glavni grad**

Glavni grad Bosne i Hercegovine je Sarajevo.

6. **Simboli**

Bosna i Hercegovina će imati one simbole za koje se odluči njezina Parlamentarna skupština, a odobri ih Predsjedništvo.

37

7. **Držljavanstvo**

Postoji državljanstvo Bosne i Hercegovine, koje uređuje Parlamentarna skupština, i državljanstvo svakog entiteta, koje uređuje svaki entltet, pod uvjetom da:

(a) Svi državljani nekog entiteta su, samim tim, državljani Bosne i Hercegovine.

(b) Ni jedna osoba ne može samovoljno biti lišena državljanstva Bosne i Hercegovine, ili državljanstva entiteta, ili na drugi način ostavljena bez državljanstva. Nitko ne može biti lišen državljanstva Bosne i Hercegovine, ili entiteta, iz bilo kojeg razloga kao što su spol, rasa, boja, jezik, vjera, političko ili drugo uvjerenje, nacionalno ili društveno podrijetlo, vezivanje za neku nacionalnu manjinu, imovina, rođenje ili drugi status.

(c) Sve osobe koje su bile državljani Republike Bosne i Hercegovine neposredno prije stupanja na snagu ovog Ustava, državljani su Bosne i Hercegovine. Državljanstvo osoba koje su naturalizirane poslije 6. travnja 1992. godine, a prije stupanja na snagu ovog Ustava, uredit će Parlamentarna skupština.

(d) Državljani Bosne i Hercegovine mogu imati državljanstvo neke druge države, pod uvjetom da postoji bilateralni sporazum između Bosne i Hercegovine i te države kojim se to pitanje uređuje, a koji je odobrila Parlamentarna skupština sukladno članku IV, stavak 4, točka (d). Osobe s dvojnim državljanstvom mogu glasovati u Bosni i Hercegovini i u entitetima samo ako je Bosna i Hercegovina zemlja njihova prebivanja.

(e) Državljanin Bosne i Hercegovine u inozemstvu uživa zaštitu Bosne i Hercegovine. Svaki entitet može izdavati putovnice Bosne i Hercegovine svojim državljanima, na način kako to uredi Parlamentarna skupština. Bosna i Hercegovina može izdavati putovnice i onim državljanima kojima neki entitet nije izdao putovnicu. Postojat će središnji registar svih putovnica izdanih od strane entiteta i Bosne i Hercegovine.

Članak II
Ljudska prava i temeljne slobode

1. **Ljudska prava**

Bosna i Hercegovina i oba entiteta osigurat će najviši stupanj međunarodno priznatih ljudskih prava i temeljnih sloboda. U tu svrhu oformljena je Komisija za ljudska prava za Bosnu i Hercegovinu, kako to predviđa Aneks 6 Općeg okvirnog sporazuma.

2. **Međunarodni standardi**

U Bosni i Hercegovini izravno se primjenjuju prava i slobode garantirani Evropskom konvencijom za zaštitu ljudskih prava i temeljnih sloboda kao i njezinim protokolima. Ovi akti imaju prioritet nad svim drugim zakonima.

3. **Popis prava**

Sve osobe na teritoriju Bosne i Hercegovine uživaju ljudska prava i temeljne slobode iz ovog članka, stavak 2 što uključuje:

(a) Pravo na život.

(b) Pravo osobe da ne bude podvrgnuta mučenju ili nehumanom ili ponižavajućem postupanju ili kazni.

(c) Pravo osobe da ne budu držana u ropstvu ili potčinjenosti ili da ne obnaša prisilan ili obvezatan rad.

(d) Pravo na slobodu i sigurnost osobe.

(e) Pravo na pravično saslušanje u građanskim i krivičnim stvarima i druga prava vezana za krivične postupke.

(f) Pravo na privatni i obiteljski život, dom, i dopisivanje.

(g) Slobodu mišljenja, savjesti i vjere.

(h) Slobodu izražavanja.

(i) Slobodu mirnog okupljanja i slobodu udruživanja.

(j) Pravo na ženidbu i udadbu, te osnivanje obitelji.

(k) Pravo na imovinu.

38

Anhang 3: Präambel & Artikel I der OHR-Übersetzung ins Serbische

УСТАВ БОСНЕ И ХЕРЦЕГОВИНЕ

Превод на српски језик

Преамбула

Полазећи од поштовања људског достојанства, слободе и једнакости,

Посвећени миру, правди, толеранцији и помирењу,

Уверени да демократске институције власти и правични поступци најбоље стварају мирољубиве односе у плуралистичком друштву,

Желећи да подстакну опште благостање и економски раст путем заштите приватног власништва и унапређења тржишне привреде,

Руковођени циљевима и принципима Повеље Уједињених нација,

Опредељени за суверенитет, територијални интегритет и политичку независност Босне и Херцеговине у складу са међународним правом,

Одлучни да обезбеде пуно поштовање међународног хуманитарног права,

Надахнути Универзалном декларацијом о правима човека, Међународним пактовима о грађанским и политичким правима, односно о економским, социјалним и културним правима, и Декларацијом о правима припадника националних или етничких, верских и језичких мањина, као и другим инструментима људских права,

Позивајући се на Основне принципе договорене 8. септембра 1995. у Женеви и 26. септембра 1995. у Њујорку,

Бошњаци, Хрвати и Срби, као конститутивни народи (заједно са осталима), и грађани Босне и Херцеговине овим одлучују да Устав Босне и Херцеговине гласи:

Члан I
Босна и Херцеговина

1. **Континуитет**

Република Босна и Херцеговина, чије је званично име од сада "Босна и Херцеговина", наставља своје правно постојање по међународном праву као држава, са унутрашњом структуром модификованом овим Уставом и са постојећим међународно признатим границама. Она остаје држава чланица Уједињених нација, и као Босна и Херцеговина може задржати чланство или затражити пријем у организацијама у оквиру система Уједињених нација, као и у другим међународним организацијама.

2. **Демократска начела**

Босна и Херцеговина је демократска држава, која функционише на принципу владавине права и на основу слободних и демократских избора.

3. **Састав**

Босна и Херцеговина се састоји од два ентитета: Федерације Босне и Херцеговине и Републике Српске (у даљем тексту "ентитети").

4. **Кретање роба, услуга, капитала и лица**

На целој територији Босне и Херцеговине постоји слобода кретања. Босна и Херцеговина и ентитети неће ометати пуну слободу кретања лица, робе, услуга и капитала по целој територији Босне и Херцеговине. Ниједан ентитет неће успостављати било какву контролу на граници између ентитета.

5. **Главни град**

Главни град Босне и Херцеговине је Сарајево.

25

6. **Симболи**

О симболима Босне и Херцеговине одлучује Парламентарна скупштина, а потврђује их Председништво.

7. **Држављанство**

Постоји држављанство Босне и Херцеговине, које регулише Парламентарна скупштина, и држављанство сваког ентитета, које регулише сваки ентитет, под условом:

а) Да су сви држављани сваког ентитета самим тим и држављани Босне и Херцеговине,

б) Да се ниједном лицу не може самовољно одузети држављанство Босне и Херцеговине или ентитета нити га се на други начин оставити без држављанства. Ниједно лице не може бити лишено држављанства Босне и Херцеговине по било којој основи, као што је пол, раса, боја, језик, вероисповест, политичко или друго мишљење, национално или социјално порекло, повезаност са националном мањином, имовина, рођење или неки други статуси.

ц) Сва лица која су била држављани Републике Босне и Херцеговине непосредно пре ступања на снагу овога Устава, су држављани Босне и Херцеговине. Држављанство лица која су натурализована после 6. априла 1992, а пре ступања на снагу овог Устава, регулисаће Парламентарна скупштина.

д) Држављани Босне и Херцеговине могу имати држављанство друге државе, под условом да постоји билатерални споразум између Босне и Херцеговине и те државе којим се то питање уређује, а који је одобрила Парламентарна скупштина у складу са чланом IV, став 4, тачка(д). Лица са двојним држављанством могу гласати у Босни и Херцеговини и ентитетима само ако имају пребивалиште у Босни и Херцеговини.

е) Држављанин Босне и Херцеговине у иностранству ужива заштиту Босне и Херцеговине. Сваки ентитет може издавати пасоше Босне и Херцеговине својим држављанима, онако како то одреди Парламентарна скупштина. Босна и Херцеговина може издати пасоше својим држављанима којима није издат пасош неког од ентитета. Постојаће централна евиденција свих пасоша које издају ентитети и Босна и Херцеговина.

Члан II
Људска права и основне слободе

1. **Људска права**

Босна и Херцеговина и оба ентитета ће обезбедити највиши ниво међународно признатих људских права и основних слобода. У том циљу постоји Комисија за људска права за Босну и Херцеговину, како је предвиђено Анексом 6 Општег оквирног споразума.

2. **Међународни стандарди**

Права и слободе предвиђене Европском конвенцијом за заштиту људских права и основних слобода и њеним протоколима директно се примењују у Босни и Херцеговини. Ови акти имају приоритет над свим другим законима.

3. **Набрајање права**

Сва лица на територији Босне и Херцеговине уживају људска права и основне слободе из става 2 овог члана, а она обухватају:

а) Право на живот.

б) Право да не буду подвргнута мучењу или нехуманом и понижавајућем поступку или казни.

ц) Право да не буду држана у ропству или потчињености или на принудном или обавезном раду.

д) Право на личну слободу и безбедност.

е) Право на правичан поступак у грађанским и кривичним стварима и друга права у вези с кривичним поступком.

ф) Право на приватни и породични живот, дом и преписку.

г) Слободу мисли, савести и вероисповести.

26

Anhang 4: Vorwort von Carl Bildt

Bosnia and Herzegovina: The Constitution

Introduction by Carl Bildt, High Representative for Bosnia and Herzegovina

When the Peace Agreement was initialled in Dayton in November 1995, and then signed in Paris on 14 December, not much attention was paid to its Annex 4, the Constitution of Bosnia and Herzegovina. The focus then was mainly on the military annexes and the provisions for civilian implementation during 1996, especially regarding the elections. Now events have moved on, and the details of the Constitution agreed with the Parties will be crucial to the prospects for realising the promise of peace.

The Constitution of Bosnia and Herzegovina is one of the most complicated constitutional documents blessed by the international community in recent times. It represents a decentralised model of how to organise a state, giving important governmental functions and powers to the two Entities of which Bosnia and Herzegovina consists, namely, the Federation of Bosnia and Herzegovina and Republika Srpska, but also reserving to the common institutions those powers vital to the functioning of a modern state.

The English language version contained in this booklet is the agreed text contained in the Peace Agreement. The Bosniac, Serb and Croat texts do not have the same official status, but they do in our view represent good working documents, based as they are on the texts which the parties have been using themselves. A legal expert from Sarajevo has looked at these texts, and believes that each of them represents an accurate translation of the English. My thanks go to the Council of Europe for their financial support for this project.

13

Anhang 5: Übersetzungsabkommen

AGREEMENT FOR THE ESTABLISHMENT OF THE BOSNIAN, CROATIAN AND SERBIAN LANGUAGE TEXTS OF THE ANNEXES TO THE GENERAL FRAMEWORK AGREEMENT

The Republic of Bosnia and Herzegovina, the Republic of Croatia and the Federal Republic of Yugoslavia (« the Parties »),

Noting that the General Framework Agreement for peace in Bosnia and Herzegovina signed this day includes Bosnian, Croatian and Serbian language texts ;

Desiring that Bosnian, Croatian, and Serbian language texts also be established for the Annexes which, owing to practical reasons, have been signed in English only ;

Have agreed as follows :

Article I

The Parties hereby request the Government of the French Republic to establish as soon as practicable the Bosnian, Croatian, and Serbian texts of the Annexes to the General Framework Agreement in accordance with the procedures set out in Article II.

Article II

Each of the Parties will provide to the Government of the French Republic a draft text of each of the Annexes in its language that corresponds to the English texts. If the Government of the French Republic considers that a text submitted to it does not fully correspond to the English text, it will consult with the Party submitting that text to resolve any differences. Following completion of any such consultations, the Government of the French Republic will circulate proposed texts to the Parties for their consideration and possible comment. After reviewing any comments received within a 60 day period after circulation, the Government of the French Republic will establish the authoritative texts of the Annexes in the Bosnian, Croatian, and Serbian languages, and will convene a meeting of the Parties at an expert level, which will confirm the texts.

- 2 -

<u>Article III</u>

After agreement on the texts at the expert meeting set out in Article II, the Bosnian, Croatian, and Serbian language texts of the Annexes established in accordance with the procedures set out in Article II shall be equally authentic.

<u>Article IV</u>

This Agreement shall enter into force upon signature.

DONE at Paris this fourteenth day of December, 1995, in the English and French languages.

For the Republic of Bosnia and Herzegovina

For the Republic of Croatia

For the Federal Republic of Yugoslavia

Abstract

Diese Arbeit befasst sich mit der Übersetzung der Verfassung von Bosnien und Herzegowina, die bis heute nur auf Englisch rechtsgültig ist. Es werden folgende Fragen behandelt: Wie vertrauenswürdig und akkurat sind die existierenden Übersetzungen und woher kommen sie? Wurden Aussagen der Verfassung durch die Übersetzungen verfälscht? Welche Auswirkungen haben die Übersetzungen auf die Gesellschaft?

Im Rahmen dieser Fallstudie wird eine Übersetzungskritik in Anlehnung an mehrere übersetzungskritische Modelle und Ansätze durchgeführt. Um Schlüsse auf etwaige Folgen der Übersetzungen ziehen zu können, wird das diskurstheoretische Modell von Rainer Diaz-Bone angewandt, welches sich auf Kulturwelten spezialisiert.

This thesis deals with the translation of the Constitution of Bosnia and Herzegovina, its only legally valid version up to this day being the English one. The thesis addresses the following questions: How reliable and accurate are the existing translations and where do they come from? Have the translations changed the meaning of the Constitution? Which effects do the translations have on society?

This case study includes a translation critique based on different models of translation criticism. In order to draw conclusions about possible consequences of the translations, the discourse theoretical model of Rainer Diaz-Bone focusing on cultural worlds is being applied.

TRANSKULTURALITÄT – TRANSLATION – TRANSFER

Bd. 1 Cornelia Zwischenberger: Qualität und Rollenbilder beim simultanen Konferenzdolmetschen. 434 Seiten. ISBN 978-3-86596-527-1

Bd. 2 Sarah Fünfer: Mensch oder Maschine? Dolmetscher und maschinelles Dolmetschsystem im Vergleich. 150 Seiten. ISBN 978-386596-548-6

Bd. 3 Dörte Andres/Martina Behr (Hg.): Die Wahrheit, die reine Wahrheit und nichts als die Wahrheit. Erinnerungen der russischen Dolmetscherin Tatjana Stupnikova an den Nürnberger Prozess. 242 Seiten. ISBN 978-3-7329-0005-3

Bd. 4 Larisa Schippel (Hg.): Magda Jeanrenaud: Universalien des Übersetzens. 332 Seiten. ISBN 978-3-86596-444-1

Bd. 5 Sylvia Reinart: Lost in Translation (Criticism)? Auf dem Weg zu einer konstruktiven Übersetzungskritik. 438 Seiten. ISBN 978-3-7329-0014-5

Bd. 6 Sophia Scherl: Die deutsche Übersetzungskultur in der zweiten Hälfte des 18. Jahrhunderts. Meta Forkel-Liebeskind und ihre Übersetzung der *Rights of Man*. 152 Seiten. ISBN 978-3-7329-0020-6

Bd. 7 Thomas Kammer: Basiswissen für Dolmetscher – Deutschland und Spanien. 204 Seiten. ISBN 978-3-7329-0035-0

Bd. 8 Dorothee Jacobs: Basiswissen für Dolmetscher – Deutschland und das Vereinigte Königreich Großbritannien und Nordirland. 192 Seiten. ISBN 978-3-7329-0036-7

Bd. 9 Sophia Roessler: Basiswissen für Dolmetscher – Deutschland und Italien. 212 Seiten. ISBN 978-3-7329-0039-8

Bd. 10 Annika Selnow: Basiswissen für Dolmetscher – Deutschland und Frankreich. 192 Seiten. ISBN 978-3-7329-0040-4

Bd. 11 Julia Richter: Translationshistoriographie. Perspektiven und Methoden. 186 Seiten. ISBN 978-3-7329-0937-7

Bd. 12 Alice Leal: Is the Glass Half Empty or Half Full? Reflections on Translation Theory and Practice in Brazil. 334 Seiten. ISBN 978-3-7329-0068-8

Bd. 13 Kristina Werner: Zwischen Neutralität und Propaganda – Französisch-Dolmetscher im Nationalsozialismus. 130 Seiten. ISBN 978-3-7329-0085-5

Bd. 14 Larisa Schippel/Magda Jeanrenaud/Julia Richter (Hg.): „Traducerile au de cuget să îmblînzească obiceiurile …". Rumänische Übersetzungsgeschichte – Prozesse, Produkte, Akteure. 368 Seiten. ISBN 978-3-7329-0087-9

TRANSKULTURALITÄT – TRANSLATION – TRANSFER

Bd. 15 Elena Kalašnikova (Hg.): „Übersetzer sind die Wechselpferde der Aufklärung". Im Gespräch: Russische Übersetzerinnen und Übersetzer deutscher Literatur. 254 Seiten. ISBN 978-3-7329-0097-8

Bd. 16 Dörte Andres/Martina Behr (eds.): To Know How to Suggest ... Approaches to Teaching Conference Interpreting. 260 Seiten. ISBN 978-3-7329-0114-2

Bd. 17 Tatiana Bedson/Maxim Schulz: Sowjetische Übersetzungskultur in den 1920er und 1930er Jahren. Die Verlage *Vsemirnaja literatura* und *Academia*. 182 Seiten. ISBN 978-3-7329-0142-5

Bd. 18 Cécile Balbous: Das Sprachknaben-Institut der Habsburgermonarchie in Konstantinopel. 90 Seiten. ISBN 978-3-7329-0149-4

Bd. 19 Cornelia Zwischenberger/Martina Behr (eds.): Interpreting Quality: A Look Around and Ahead. 334 Seiten. ISBN 978-3-7329-0191-3

Bd. 20 Mehmet Tahir Öncü: Basiswissen für Dolmetscher – Deutschland und die Türkei. 232 Seiten. ISBN 978-3-7329-0154-8

Bd. 21 Marc Orlando: Training 21st century translators and interpreters: At the crossroads of practice, research and pedagogy. 158 Seiten. ISBN 978-3-7329-0245-3

Bd. 22 Christian Trollmann: Nationalsozialismus auf Japanisch? Deutsch-japanische Beziehungen 1933–1945 aus translationssoziologischer Sicht. 154 Seiten. ISBN 978-3-7329-0281-1

Bd. 23 Ursula Gross-Dinter (Hg.): Dolmetschen 3.0 – Einblicke in einen Beruf im Wandel. 226 Seiten. ISBN 978-3-7329-0188-3

Bd. 24 Lieven D'hulst/Carol O'Sullivan/Michael Schreiber (eds.): Politics, Policy and Power in Translation History. 256 Seiten. ISBN 978-3-7329-0173-9

Bd. 25 Dörte Andres/Julia Richter/Larisa Schippel (Hg.): Translation und „Drittes Reich". Menschen – Entscheidungen – Folgen. 352 Seiten. ISBN 978-3-7329-0302-3

Bd. 26 Julia Richter/Cornelia Zwischenberger/Stefanie Kremmel/Karlheinz Spitzl (Hg.): (Neu-)Kompositionen. Aspekte transkultureller Translationswissenschaft. 404 Seiten. ISBN 978-3-7329-0306-1

Bd. 27 Barbara den Ouden: Translation und Emotion: Untersuchung einer besonderen Komponente des Dolmetschens. 438 Seiten. ISBN 978-3-7329-0304-7

Bd. 28 Larisa Schippel/Cornelia Zwischenberger (eds.): Going East: Discovering New and Alternative Traditions in Translation Studies. 540 Seiten. ISBN 978-3-7329-0335-1

TRANSKULTURALITÄT – TRANSLATION – TRANSFER

Bd. 29 Dörte Andres/Klaus Kaindl/Ingrid Kurz (Hg.): Dolmetscherinnen und Dolmetscher im Netz der Macht. Autobiographisch konstruierte Lebenswege in autoritären Regimen. 280 Seiten. ISBN 978-3-7329-0336-8

Bd. 30 Martina Behr/Sabine Seubert (Hg.): Education is a Whole-Person Process. Von ganzheitlicher Lehre, Dolmetschforschung und anderen Dingen. 516 Seiten. ISBN 978-3-7329-0324-5

Bd. 31 Simone Kellner: Basiswissen für Dolmetscher und Übersetzer – Österreich. 108 Seiten. ISBN 978-3-7329-0370-2

Bd. 32 Simon Zupan/Aleksandra Nuč (eds.): Interpreting Studies at the Crossroads of Disciplines. 204 Seiten. ISBN 978-3-7329-0045-9

Bd. 33 Hilke Effinghausen: Zwischen Neutralität und Propaganda – Spanisch-Dolmetscher im Nationalsozialismus. 178 Seiten. ISBN 978-3-7329-0394-8

Bd. 34 Lars Felgner: Nonverbale Kommunikation beim medizinischen Dolmetschen. 428 Seiten. ISBN 978-3-7329-0386-3

Bd. 35 Annika Schlesiger: Berufsschutz für Übersetzer und Dolmetscher in Deutschland. Vergangenheit – Gegenwart – und Zukunft? 200 Seiten. ISBN 978-3-7329-0408-2

Bd. 36 Lena Skalweit: Dolmetscher und ihre Ausbildung im Zeitalter der europäischen Expansion. Osmanisches Reich und Afrika. 312 Seiten. ISBN 978-3-7329-0371-9

Bd. 37 Samantha Blai: Basiswissen für Dolmetscher und Übersetzer – Deutschland und Polen. 306 Seiten. ISBN 978-3-7329-0446-4

Bd. 38 Jette Knapp: Basiswissen für Dolmetscher und Übersetzer – Deutschland und USA. 248 Seiten. ISBN 978-3-7329-0447-1

Bd. 39 Thomas Baumgart/Mona Gerlach: Basiswissen für Dolmetscher und Übersetzer – Deutschland und Spanien. 254 Seiten. ISBN 978-3-7329-0465-5

Bd. 40 Amrei Bahr/Katja Hagedorn: Basiswissen für Dolmetscher und Übersetzer – Deutschland und das Vereinigte Königreich Großbritannien und Nordirland. 236 Seiten. ISBN 978-3-7329-0467-9

Bd. 41 Saskia Isabelle Riemke/Eleonora Pepe: Basiswissen für Dolmetscher und Übersetzer – Deutschland und Italien. 276 Seiten. ISBN 978-3-7329-0468-6

Bd. 42 Miriam Heike Schroers: Basiswissen für Dolmetscher und Übersetzer – Deutschland und Frankreich. 280 Seiten. ISBN 978-3-7329-0485-3

Bd. 43 Charlotte P. Kieslich: Dolmetschen im Nationalsozialismus. Die Reichsfachschaft für das Dolmetscherwesen (RfD). 428 Seiten. ISBN 978-3-7329-0515-7

TRANSKULTURALITÄT – TRANSLATION – TRANSFER

Bd. 44 Viktoria Fedorovskaja/Tatiana Yudina: Basiswissen für Dolmetscher und Übersetzer – Deutschland und Russland. 264 Seiten. ISBN 978-3-7329-0487-7

Bd. 45 Ke Liu: Basiswissen für Dolmetscher und Übersetzer – Deutschland und China. 228 Seiten. ISBN 978-3-7329-0527-0

Bd. 46 Antonina Lakner: Peter de Mendelssohn – Translation, Identität und Exil. 414 Seiten. ISBN 978-3-7329-0491-4

Bd. 47 Sabine Seubert: Visuelle Informationen beim Simultandolmetschen. Eine Eyetracking-Studie. 402 Seiten. ISBN 978-3-7329-0572-0

Bd. 48 Kimberly Dinnissen/Rob Soons: Basiswissen für Dolmetscher und Übersetzer – Deutschland und die Niederlande. 270 Seiten. ISBN 978-3-7329-0583-6

Bd. 49 Martina Behr: Dolmetschen: Komplexität, Methodik, Modellierung. 288 Seiten. ISBN 978-3-7329-0635-2

Bd. 50 Aleksey Tashinskiy/Julija Boguna/Andreas F. Kelletat (Hg.): Übersetzer und Übersetzen in der DDR. Translationshistorische Studien. 292 Seiten. ISBN 978-3-7329-0698-7

Bd. 51 Kate Reiserer: Vier Übersetzerinnen und ihre neun Ehemänner. Ehe und Übersetzung in der Romantik. 154 Seiten. ISBN 978-3-7329-0755-7

Bd. 52 Larisa Schippel/Julia Richter (Hg.): Translation und „Drittes Reich". Translationsgeschichte als methodologische Herausforderung. 370 Seiten. ISBN 978-3-7329-0661-1

Bd. 53 Aleksey Tashinskiy/Julija Boguna/Tomasz Rozmysłowicz (Hg.): Translation und Exil (1933–1945) I. Namen und Orte. Recherchen zur Geschichte des Übersetzens. 494 Seiten. ISBN 978-3-7329-0744-1

Bd. 54 Hildegard Maria Mader: Von Paris nach Kairo: Wissenstransfer im *Paris-Bericht* Rifāʿa Rāfiʿ aṭ-Ṭahṭāwīs. Ein Beitrag zur Übersetzungsgeschichte Ägyptens im 19. Jahrhundert. 118 Seiten. ISBN 978-3-7329-0841-7

Bd. 55 Yafen Zhao: Take it or leave it? Notationstechnik beim Konsekutivdolmetschen Chinesisch–Deutsch. 276 Seiten. ISBN 978-3-7329-0871-4

Bd. 56 Hannah Spannring: Lore Segal – Ein translatorisches Porträt im Kontext Exil. 238 Seiten. ISBN 978-3-7329-0901-8

Bd. 57 Cornelia Zwischenberger/Alexa Alfer (eds.): Translaboration in Analogue and Digital Practice: Labour, Power, Ethics. 252 Seiten. ISBN 978-3-7329-0913-1

Frank & Timme

TRANSKULTURALITÄT – TRANSLATION – TRANSFER

Bd. 58 Dijana Tockner Glova/Zrinka Primorac Aberer: Basiswissen für Dolmetscher und Übersetzer – Deutschland und Kroatien. 346 Seiten. ISBN 978-3-7329-0807-3

Bd. 59 Stefanie Kremmel/Julia Richter/Larisa Schippel (Hg.): Österreichische Übersetzerinnen und Übersetzer im Exil. 322 Seiten. ISBN 978-3-7329-0936-0

Bd. 60 Esma Diman-Murselović: Die Übersetzung der Verfassung von Bosnien und Herzegowina. Eine Spurensuche. 136 Seiten. ISBN 978-3-7329-0863-9